GÉOGÉNIE
DU CANTAL

AVEC UNE

ÉTUDE HISTORIQUE ET CRITIQUE

SUR LES PROGRÈS DE LA GÉOLOGIE

DANS CE DÉPARTEMENT

PAR

J.-B. RAMES

Officier d'Académie,

Membre des Sociétés Géologique et Botanique de France,
Correspondant de l'Institut National de Genève,
de l'Académie de Clermont-Ferrand,
de la Société Académique du Puy, etc.

AVEC DEUX PLANCHES

AURILLAC

BOUYGUES FRÈRES, LIBRAIRES-ÉDITEURS

PARIS

E. SAVY, Libraire de la Société Géologique de France

RUE HAUTEFEUILLE, 24

1873

GÉOGÉNIE

DU CANTAL

AVEC UNE

ÉTUDE HISTORIQUE ET CRITIQUE

SUR LES PROGRÈS DE LA GÉOLOGIE

DANS CE DÉPARTEMENT.

GÉOGÉNIE
DU CANTAL

AVEC UNE

ÉTUDE HISTORIQUE ET CRITIQUE

SUR LES PROGRÈS DE LA GÉOLOGIE

DANS CE DÉPARTEMENT

PAR

J.-B. RAMES

Officier d'Académie,

Membre des Sociétés Géologique et Botanique de France,

Correspondant de l'Institut National de Genève,

de l'Académie de Clermont-Ferrand,

de la Société Académique du Puy, etc.

AVEC DEUX PLANCHES

AURILLAC

BOUYGUES FRÈRES, LIBRAIRES-ÉDITEURS

PARIS

F. SAVY, Libraire de la Société Géologique de France

RUE HAUTEFEUILLE, 24

1873

ERRATUM.

Page 53, ligne 4 : au lieu de (V) lisez (Z).

AURILLAC, IMPRIMERIE H. GENTET,
Impr. de la Préfecture et de la Cᵉ du chemin de fer d'Orléans,
rue du Consulat.

TABLE MÉTHODIQUE.

DEUXIÈME PARTIE.

REVUE HISTORIQUE ET CRITIQUE
des Travaux publiés sur la Géologie du Cantal.

PRÉFACE.

Ce petit livre contient les résultats
les plus importants auxquels j'ai été
conduit par dix années de courses dans
le Cantal.

Je m'étais imposé, comme distrac-
tions de mes études paléontologiques,
de dresser la carte géologique du département du Cantal et d'étudier les
ouvrages généraux et les nombreux
mémoires spéciaux qui ont été publiés
sur la géologie des volcans. J'ai conduit à bonne fin cette double tâche et,
ce faisant, j'ai acquis la conviction
que, si les phénomènes physiques et
chimiques qui accompagnent les éruptions ont été l'objet d'observations
attentives et de savantes publications
qui ont élevé cette partie de la géologie

au niveau de la science actuelle, il n'en a pas été de même de l'étude de la structure intérieure et de la stratigraphie des grands volcans. En effet, c'est à peine si l'on s'est occupé d'établir nettement leur âge relatif * et si l'on a cherché à suivre pas à pas sur tous les versants leurs puissantes coulées, quelquefois pétries de débris de corps organisés et alternant souvent sur plus de mille mètres d'épaisseur. Enfin, je crois pouvoir ajouter que les figures qui représentent la structure intérieure des grandes montagnes ignivomes sont de pure convention et en retard d'un siècle sur les progrès de la stratigraphie, et cette déplorable lacune n'est en aucune façon compensée par les admirables vues et panoramas qui ont été publiées soit pour des volcans isolés, soit pour des districts volcaniques.

Aussi bien ai-je eu à cœur de fouiller

---

* M A. Julien dans sa thèse : *Des phénomènes glaciaires dans le plateau central de la France*, etc., établit parfaitement l'âge relatif des petits volcans à cratère du département du Puy-de-Dôme.

et d'interroger avec persévérance, jusque dans ses moindres détails, le plus grand volcan de la France centrale, afin de tâcher de reconstruire son histoire, c'est-à-dire d'assister à sa naissance, de le suivre dans son développement, de rechercher ses phases d'activité et ses périodes de tranquillité, de le contempler dans toute sa magnificence, et enfin d'assister à sa décadence et à sa décrépitude.

J'ai été favorisé dans mes recherches par l'état de délabrement où se trouve le Cantal. Les principales vallées qui descendent des hauteurs en rayonnant vers tous les points de l'horizon, coupent tout le volcan et entament même profondément son piédestal de terrain Tertiaire et de terrain Primitif, et ces vallées offrent dans leur longueur des escarpements abrupts où l'on peut étudier facilement la succession de toutes les coulées et les rattacher au cratère. L'harmonie et l'ordre de superposition des coulées sont à un tel point identiques dans toutes les parties et dans toutes les zônes du volcan, que l'étude approfondie d'une vallée quelconque donne la clé de la structure de toutes les autres.

Il faut croire que, si la géologie de ce district est restée arriérée si longtemps, c'est uniquement parce que les géologues qui ont étudié le grand volcan se sont contentés presque tous d'observer les hautes vallées et les ravins peu profonds qui sillonnent les grandes altitudes et les plateaux ; quant aux observateurs qui ont un peu étudié les vallées, ils ont tous marché à l'aventure sans s'occuper de coordonner, de comparer et de généraliser leurs observations, et tous ont ignoré la grande simplicité de structure et l'uniformité qui règnent en tous lieux sur tous les versants du cône.

De grands progrès s'accomplissent actuellement dans la géologie du Cantal. M. le comte Gaston de Saporta promène le flambleau de la philosophie moderne dans les mystérieuses avenues des forêts Pliocènes ensevelies comme Pompéi sous des pluies de cendres et de scories. Déjà, des clairières, des sombres massifs où les essences les plus variées sont harmonieusement associées, ont été rendus à la lumière. Les espèces évoquées une à une du sein de la roche où elles sont scellées, répondent à l'appel du grand naturaliste, reprennent une vie nouvelle et, dans leurs récits des vieux temps, elles montreront dans sa vraie lumière l'antique paysage cantalien, et elles soulèveront aussi un coin du voile dans la plus haute sphère des sciences naturelles, car elles se pressent dans la phalange des sous-espèces, des variétés et des races, c'est-à-dire des formes intermédiaires qui établissent d'une manière irréfutable la filiation par transformation graduelle, entre les espèces Miocènes, Pliocènes et Quaternaires.

De son côté, M. R. Tournouër étudie avec le plus grand soin les Mollusques fossiles du terrain Miocène inférieur du bassin d'Aurillac. Le travail de ce savant atteindra encore un double but, il aura un intérêt local en établissant définitivement le synchronisme des dépôts calcaires du Cantal avec ceux des contrées, depuis longtemps classiques, où règne le même horizon, et il aura un intérêt général et de l'ordre le plus élevé, en militant avec avantage en faveur de la théorie de la filiation et de la transmutation des espèces, car tous les types fossiles du bassin d'Aurillac, même les plus opposés, sont intimement reliés les uns aux autres par une longue série de formes transitionnelles.

J'espère que le travail que je publie aujourd'hui contribuera aussi à ramener l'attention des géologues sur le Cantal. Je compte aussi, pour arriver au même but, sur la publication de ma carte géologique pour l'exécution de laquelle j'ai mis en œuvre les ressources et les méthodes les plus parfaites et les plus nouvelles de la paléontologie et de la stratigraphie. Dans ce long et pénible labeur, trente-huit teintes et barrures représentent et différencient tous les terrains du département ; vingt signes conventionnels indiquent les cratères adventifs, les failles, les filons, les sources minérales, les tourbières, les monuments et les débris des âges préhistoriques ; des cotes de hauteurs placées sur les points les plus élevés et les plus bas et sur toutes les coulées donnent une juste idée de la configuration du pays et font ressortir, au premier coup d'œil, les profondes dénudations qu'il a eu à subir. Mais, faut-il le dire, je commence à craindre que ma carte, à cause même de sa complication, ne vieillisse dans les limbes ou elle est depuis quelques temps avec les autres travaux graphiques qui l'accompagnent et d'où quelques exemplaires coloriés à la main ne sauraient la faire sortir *.

* M. Raymond Bastid, député du Cantal, et M. E. de Chazelles, préfet du département, ont bien voulu s'intéresser à ma carte géologique et donner en quelque sorte l'impulsion aux préliminaires qui amèneront peut être sa publication.

Qu'il me soit permis de leur en exprimer ici toute ma vive gratitude.

Dans mon rapide exposé de la géogénie du Cantal, j'ai pensé qu'il fallait concentrer les idées sur le grand volcan et sur les terrains qui le supportent ou qui se trouvent dans son voisinage immédiat; cet ensemble est certainement le point capital de la géologie du plateau central. Je ne parle donc qu'incidemment du volcan du Cézallier, qui sert de trait d'union entre le Cantal et le Mont-Dore; je ne m'occupe pas davantage du bassin Tertiaire de Maurs, parce que, sauf l'étendue, il est en tous points identique à celui d'Aurillac; du reste, ce bassin de Maurs est pour ainsi dire au pied du plateau central, il est comme le chef de file des petits bassins Tertiaires sporadiques, qui s'étendent au loin sur le terrain Primitif et sur le terrain Jurassique des départements du Lot et de l'Aveyron.

B. RAMES.

Aurillac, janvier 1873.

PRÉAMBULE

Le grand cirque de Terrain Primitif.

Si, pour un instant, nous faisons abstraction des terrains Tertiaires et Volcaniques, la région du plateau central que nous allons étudier, se présente sous la forme d'un vaste bassin, à fond de gneiss, de micachiste et de talcschiste (1,1') *, circonscrit au Sud-Est, au Sud et à l'Ouest par un croissant de collines

* Les lettres et chiffres placés entre parenthèses renvoient aux planches, au résumé aphoristique et à la légende générale qui se trouvent à la fin de l'ouvrage.

granitiques (3) qui, malgré la dénudation qu'elles ont subie, atteignent dans le Sud-Est 1 072 mètres d'altitude (village de Recous), se maintiennent au-dessus de 1 000 mètres dans le Sud et s'abaissent jusqu'à 800, 600 et même 491 mètres en se contournant au-Sud-Est et en remontant dans l'Ouest. Mais les bords les plus élevés de ce grand cirque de 32 lieues de diamètre, reproduisant fidèlement les traits de quelques cirques lunaires, sont formés par le terrain cristallophyllien qui, dans le Nord-Est, atteint 1 200 mètres et s'élève à l'Est, dans la région Cantalienne des montagnes de la Margeride, à 1 300, 1 400 et 1 423 mètres. A partir de ces points culminants, Nord et Est, le gneiss, le micaschiste et le talcschiste s'abaissent à la fois vers l'Ouest et vers le Sud-Ouest; au centre du bassin l'altitude de ces terrains varie entre 700 et 600 mètres, et, tandis que dans le Nord-Ouest ils s'abaissent brusquement jusqu'à 272 mètres sur les bords de la Dordogne, ils se relèvent au contraire un peu dans le Sud et le Sud-Ouest à la rencontre des colines granitiques. Les pentes ne sont pas uniformes et insensibles ; elles offrent une succession d'ondulations et de ressauts qui engendrent plusieurs dépressions étagées dans la vaste dépression générale.

Cette déclivité de terrain Primitif est çà et

là sillonnée par des filons de granite*, et cette roche forme même quelques enclaves (2, 3, 4); de ce nombre sont celles de Marchastel, du Brocq, du Vaulnier, du pont du Vernet (granite à petits grains) et du pont d'Auze (granite porphyroïde). Le porphyre (5) soit feldspathique, soit quartzifère, joue un rôle moins important que le granite, cependant plusieurs de ses filons sont considérables ; les principaux sont ceux de Chaudesaigues, de Venut (porphyre quartzifère), de Molompise, de Siran, de la côte d'Orgon (porphyre feldspathique). Partout foisonnent les filons de quartz, de diorite, de pétrosilex et d'eurite ; beaucoup plus rares sont ceux de serpentine (6) (Mentières, Tiviers, Soulages, Coren, St-Mary-le-Plain, St-Poncy, La Chapelle-Laurent, Auriac) ; ceux de barytine, de withérite, de stibine, de mispickel sont nombreux dans l'Est et assez rares dans l'Ouest ; mais dans cette dernière région, la galène abonde soit en filons soit en enclaves, soit en masses stra-

---

* Le plus ancien des granites du Cantal est le granite à petits grains ; après lui vient le granite porphyroïde qui forme le croissant de collines dont nous avons parlé ci-dessus ; le plus récent est le granite grenu ou porphyroïde à mica rose. Ces granites sont éruptifs et les dernières variétés recouvrent en quelques points le terrain Houiller.

toïdes (St-Santin-Cantalès, Arnac, etc.). Dans le Nord-Est, la diorite stratoïde *(c)* joue un rôle important en grandes enclaves dans le gneiss et le micaschiste (Montchamp, St-Bonnet, Marcenat, Cheyrange, Romaix, bois de la Crégut et la vallée d'Allagnon).

Mais l'accident le plus intéressant que nous offre le terrain cristallophyllien consiste en une formation de puissantes assises de calcaire cristallin *(b)* tantôt talqueux, et alors verdâtre, tantôt micacé, tantôt assez pur, gris, rose ou blanc. Ces assises calcaires alternent plusieurs fois soit avec le gneiss, soit avec le micaschiste ; elles sont plissées comme ces roches et présentent absolument les mêmes allures. Au Nord de Mauriac (ruisseau de la Viou, Arches, bords de la Dordogne, bords de la Santoire), on peut suivre ce calcaire Primitif pendant plusieurs lieues et s'assurer qu'il s'est déposé en même temps que le gneiss et le micaschiste, et, en l'absence de toute trace de fossiles, on se demande à quel horizon on doit le rapporter, sinon à celui du terrain Laurentien?

De longues failles postérieures à l'époque Houillère, courent Nord-Nord-Est dans le fond du cirque et interrompent ses bords. L'une d'elles est gigantesque, elle nous a conservé, pincée entre ses formidables lèvres, la

longue bande de petits lambeaux de terrain
Houiller qui traverse le plateau central et no-
tamment tout l'Ouest du bassin qui nous occupe ; cette énorme faille semble commander
à tous les autres accidents antiques (cassures,
filons, plissements, redressements), et en effet,
ils ont presque tous comme elle une direction
générale Nord-Nord-Est.

PREMIÈRE PARTIE

GÉOGÉNIE DU CANTAL

I. Ages Tertiaires.

TERRAIN ÉOCÈNE.

Sable quartzeux; galets et fragments de roches primitives et de quartz; argile bariolée plastique (C). — A une certaine époque qu'il serait difficile de préciser, mais très probablement pendant l'époque Eocène, des eaux sauvages et torrentielles commencèrent à transporter dans toute l'étendue des bassins étagés, dont nous avons parlé ci-dessus, de prodigieuses quantités de sable quartzeux, de fragments et de cailloux roulés de quartz, de gneiss et de granite. Sur ces dépôts tumultueux et mal stratifiés, des eaux plus tranquilles déposèrent de puissantes couches d'argile plastique bariolée, rouge et verte.

On dirait que des phénomènes glaciaires présidaient, soit à l'énorme accumulation de cailloux roulés et de fragments de roches primitives, soit à la formation des épaisses assises argileuses sans fossiles et, par conséquent, muettes.

TERRAIN MIOCÈNE INFÉRIEUR.

Marnes vertes (D). — Au-dessus de l'argile, dans le grand bassin d'Aurillac * et dans celui de Murat, des eaux limpides et dormantes édifièrent de nouvelles roches. Le calcaire venait d'apparaître, d'innombrables sources le fournissaient en abondance et le répandaient dans l'eau ambiante qui lavait l'argile et en tenait beaucoup en suspension ; le mélange de ces deux substances gagnait le fond et engendrait une succession de couches de

* Le léman Tertiaire d'Aurillac s'étendait sur la moitié Ouest du département, et recouvrait, par conséquent, toute la région sillonnée aujourd'hui par les cours d'eaux tributaires de la Dordogne ; celui de St-Flour beaucoup moins grand, mais plus élevé, dormait dans la dépression triangulaire qui fournit actuellement les ruisseaux et les rivières qui se jettent dans la Truyère ; celui de Murat occupait la région où se trouve actuellement la haute vallée d'Allagnon ; celui de Massiac, moins étendu que les précédents, était presque au même niveau que celui d'Aurillac ; enfin, toutes ces vastes nappes d'eau étaient dominées par un cinquième petit lac qui se trouvait au Nord-Est d'Allanche et dont l'altitude dépassait 1200 mètres.

marne verte (D); les premières déposées étaient en strates compactes, les autres en lits fissiles, et c'est ici que la vie commence à se manifester dans nos lacs, car entre les minces feuillets de marne gisent des myriades de *Bythinia Dubuissonii* Noul., une autre espèce moins infime, et des tiges et des fructifications de *Chara destructa* Sap.

Marnes calcaires feuilletées, silex, silex résinite, ménilite (D'). — Mais les eaux ne renfermaient plus que de très faibles quantités d'argile; elles la recevaient maintenant par l'intermédiaire de nombreux ruisseaux qui l'amenaient des bassins élevés du Nord-Est et de l'Est, qui étaient desséchés et transformés en plaines argileuses. Par contre, des geysers versaient dans les lacs des quantités énormes de silice, et les flots paisibles entassèrent lentement sur les marnes vertes des strates alternantes de calcaire marneux et siliceux, tantôt compacte, tantôt feuilleté avec des intercalations, à tous les niveaux, de bancs et de lits de silex pyromaque, résinite, ménilite, jaspoïde (D'). Et sur une épaisseur de plus de 30 mètres ces sédiments ensevelissaient des nuées de *Bythinia Dubuissonii* Noul., de *Cerithium Lamarckii* Desh., de *Cypris faba* Desm.; souvent même ces espèces constituaient presque à elles seules des lits qui atteignaient un pied d'épaisseur. Un roseau, le *Typha latissima* Al. Braun, sombrait en longues traînées indiquant la direction du vent qui les chassait sur les eaux du lac ; le *Chara destructa* Sap. foisonnait à un tel point que non-seulement ses tiges et ses fructifications revêtaient toutes les surfaces de séparation des couches et des feuillets, mais c'était aussi par lits que s'accumulaient ses fructifications mêlées à de fines oolites. Quelques Hélices, quelques rares Limnées, quelques Planorbes, commençaient à abandonner leurs dépouilles dans ces assises.

Calcaire (D"). — Enfin, la silice se montra de moins en moins abondante, et elle disparut même presque complètement ; alors, dans les eaux devenues peu profondes, du calcaire presque pur (D") se déposa en épaisses strates qui ensevelissaient : *Limnœa pachygaster* Thom. , *L. symmetrica* Brard., *L. condita*, etc. , *Planorbis cornu* Al. Brong., *P. annulatus* Bouillet, etc., qui pullulaient partout. Les ruisseaux qui descendaient des îlots de gneiss amenaient aussi dans les eaux dormantes l'*Helix Arvernensis* Desh. et plusieurs autres formes dont une très voisine de l'*H. Ramondi* Al. Brong. Tous ces Mollusques, mais plus particulièment *Limnœa pachygaster* et *Planorbis cornu*, offraient des variétés et des races très nombreuses.

Les localités où le terrain Miocène inférieur se présente tel que nous venons de le décrire, sont pour le grand lac d'Aurillac : le petit Puy-Blanc, Belbès, les Quatre-Chemins, Lascanaux, Vergnols,

Lombrade, le Puy-Courny, le Puy-de-Vaurs, Thiézac, St-Etienne-de-Carlat, Raulhac, Drugeac ; pour le lac de Murat : Dienne, Joursac, La Vaissière.

Quant aux lacs de St-Flour, de Massiac et du Cézallier, ils ne reçurent que de faibles quantités de calcaire ; la marne n'y forme que de minces assises et le calcaire ne s'y est accumulé que par places et en amas lenticulaires (Auriac, près Massiac, Feyrolettes, près la Truyère, arrondissement de Saint-Flour).

Cependant, à la longue, le calcaire pétri de débris et de coquilles de Mollusques arriva à fleur d'eau, et les lacs, ainsi transformés en marais peu profonds, finirent par se dessécher complètement. La surface de ce calcaire se fissura profondément sous l'influence de la chaleur tropicale dont la moyenne annuelle était de + 21° C. environ, et il se divisa par retrait en grandes masses polyédriques ; les eaux pluviales et les eaux courantes ravinèrent longtemps sa surface et remplirent ses crevasses de ses propres débris. En quelques endroits (Coissy, Anjouy, Veyrac, bois de la Condamine), la dénudation atteignit jusqu'aux bancs de silex qui furent disloqués et entraînés.

Première période d'activité volcanique.

Basalte Miocène (E). — A partir des temps Miocènes inférieurs que nous venons de considérer, les phénomènes géologiques commencèrent à changer de face. En plusieurs lieux (Naucelles, le Croizet, Limagne, St-Simon, le Maoupas, La Vaissière, Salins, Lescenat, etc.), le sol se crevassa et de puissantes coulées de basalte s'épanchèrent et recouvrirent presque toute la formation calcaire du bassin d'Aurillac; seuls, les points qui n'avaient pas été dénudés (Noalhac, côte de Vaurs, etc.) formèrent dés îlots au milieu de cette inondation basaltique. Dans quelques districts, le front des coulées résultant de cette première émission de basalte mesura une longueur de 3 à 4 lieues, et chaque coulée prit en se refroidissant plusieurs variétés de structure et de texture. Un petit nombre de crevasses (St-Simon, le Croizet) fournirent des scories légères. Ce basalte Miocène ne produisit aucun effet de métamorphisme, soit physique, soit chimique, sur les roches calcaires qu'il traversait ou qu'il recouvrait, mais il satina et noircit superficiellement les fragments de silex qu'il englobait ou sur lesquels il coulait en envahissant le fond des ravines (Coissy, Veyrac, bois de la Condamine, Anjouy). Au bord des orifices de sortie, les strates furent bousculées, redressées et même renversées (St-Simon, Carnéjac), mais seulement sur quelques vingtaines de mètres de long.

Première période de tranquillité.

TERRAIN MIOCÈNE SUPÉRIEUR.

Argile blanchâtre et sable quartzeux (F).
—Longtemps après les événements dont nous venons de parler, tout le pays se couvrit de forêts qui furent bientôt peuplées par des troupeaux de *Mastodon angustidens* Cuv., de *Dinotherium giganteum* Kaup, de *Rhinoceros* et d'*Hipparion*, qu'accompagnait toute une horde de Carnassiers, au nombre desquels étaient des *Amphicyon* et des formidables *Machairodus* (Puy-Courny, Roffiac). Des cours d'eaux, probablement sujets à des crues périodiques, ensevelissaient les ossements de cette faune mammalogique dans des alluvions grossières formées d'argile jaune, de sable quartzeux, de galets de quartz arrondis, mélangés de grands fragments de silex et de calcaire ; les eaux courantes lavaient aussi les parties terreuses ou scoriacées du basalte, et les sédiments qu'elles abandonnaient alors étaient des tufs basaltiques. Ces alluvions Miocènes supérieures venaient des contrées gneissiques et granitiques du Nord, de l'Est, du Sud et du Sud-Ouest ; nulle part sur le pays calcaire ou basaltique des bassins les eaux n'auraient trouvé du quartz à enlever et à charrier. L'épaisseur de ces alluvions Miocènes supérieures atteignait rarement 4 mètres,

elles ne comblèrent même pas les anfractuosités du sol ; tantôt elles recouvrirent le basalte (Puy-Courny, bois de la Condamine), tantôt le calcaire (Noalhac, côte de Vaurs).

Deuxième phase d'activité volcanique.

Formation du cratère ; éruption de tuf ponceux (trass) (G). — Les émissions de basalte qui avaient précédé les alluvions Miocènes supérieures, étaient un pronostic lointain des grands événements dont la contrée devait devenir le théâtre. Un jour, vers le milieu de la région qui nous occupe, le sol s'effondra et un cratère, mesurant environ 2 lieues de diamètre, s'ouvrit. Le sous-sol primitif et les couches lacustres du bassin d'Aurillac s'affaissèrent légèrement vers le gouffre, mais pour ne plus bouger à l'avenir. Le bassin de Murat fut un peu relevé de Joursac à La Vaissière. L'effondrement eut lieu un peu au-dessous de la digue qui séparait ces deux lacs.

Ce vaste cratère vomit à grands flots des torrents de tuf ponceux et boueux chargé de blocs de trachyte ; en même temps il rejetait aussi toute la masse formidable de granite, de gneiss, d'argile, de marne, de silex et de calcaire, engouffrée au moment de l'effondrement. Ces déjections tuffacées s'accumulèrent d'abord sur les lèvres du cratère où elles commencèrent à édifier un cône qu'elles accrurent rapidement en s'entassant et en s'étendant de proche en proche. Il arriva même un moment où ce cône eut des proportions gigantesques, dès-lors, les coulées purent rouler en tumulte sur ses flancs et se répandre, vague sur vague, sur toute la contrée environnante.

Les premières coulées, par conséquent les plus rapprochées du cratère, sont presque uniquement constituées par des blocs trachytiques, étonnés ou un peu frittés, réunis par un ciment tuffacé très ferrugineux ; à mesure que l'on s'éloigne du centre d'éruption, les blocs se montrent de moins en moins nombreux, et ils sont comme noyés dans le ciment tuffacé qui devient prédominant, et passe à l'état de trass de couleur claire, pétri de scories, et renfermant, disséminés dans toute sa masse, de nombreux éclats de bois, des vieilles souches, des troncs énormes, qui témoignent de la richesse des forêts Miocènes supérieures qui furent détruites et balayées par les avalanches boueuses.

D'épaisses coulées de basalte porphyroïde (II) à très gros cristaux d'augite et tout criblé de grains d'olivine, de quartz et de paillettes de fer titaniaté, signalèrent la fin de cette éruption. Ce basalte dont les plus grandes masses ne s'éloignèrent pas beaucoup du cratère (Triboulan, les Chambrettes), fournit aussi quelques filons (Lascelles, La Bastide, St-Chamant) et de grands thyphons (Boussac) ; en outre, il ruissela au loin dans plusieurs directions, à demi enfoûi dans les couches supérieures du tuf ponceux encore boueux , il les laboura profondément et, tiraillé, rompu, il laissa çà et là d'énormes lopins qui, en se refroidissant, se divisèrent en grands prismes (plateau du Croizet et de Mazeyrrac).

Le volcan formé par l'accumulation des déjections tuffacées avait 20 lieues de diamètre, et son sommet dépassait 1 200 mètres. La puissance considérable des coulées superposées, leur uniformité sur de très grandes étendues, leurs ondulations gigantesques, semblent dire que, géologiquement parlant, les phénomènes qui engendrèrent ce premier cône eurent peu de durée.

Deuxième période de tranquillité.

Flore Pliocène inférieure. — Après ce triomphe des forces souterraines, la tranquillité la plus parfaite se rétablit et régna pendant de longs âges. Les torrents et les petits cours d'eaux réguliers, entretenus par les orages et par les pluies, coulaient maintenant de tous côtés vers la ceinture de terrain Primitif; ils ravinaient profondément les flancs du volcan, et ils créèrent quelques petites vallées. Sur quelques replats se formèrent des étangs et de grands marais. Cela étant, la splendide flore Pliocène inférieure qui, sous l'influence d'une température moyenne annuelle de $+18°$ à $+20°$

C., végétait alors sur la majeure partie de l'Europe méridionale et occidentale, gravit peu à peu les flancs vierges de la nouvelle montagne, s'approcha du cratère éteint et obstrué par les éboulements séculaires et descendit même le long de ses parois humides.

M. le comte G. de Saporta, l'éminent paléontologiste qui fera bientôt revivre cette flore, nous a déjà fait connaître : un Sapin de la section des Sapins argentés, un Bambou voisin du *Bambusa Lugdunensis* Sap., l'*Alnus denticulata* Reg., le *Carpinus pyramidalis* (Gœpp.) Heer, le *Fagus attenuata* Gœpp., le *Planera Ungeri* Ett., le *Sassafras Ferretianum* Mass., le *Phœbe barbusana* Webb., un *Persea*, un *Vaccinium*, le *Grewia crenata* Ung., le *Tilia subintegra* Sap., l'*Acer integrilobum* Gœpp., un *Hamamelis*, un *Dictamnus*, un *Pterocarya (P. Massalongi*, Gaud.?). etc. etc.

Troisième phase d'activité volcanique.

Cendres, ponces et sable trachytiques, lapilli, pluie de blocs (I). — Cette végétation luxuriante recouvrait les pentes du volcan depuis des siècles de siècles, quand soudain les feux souterrains se réveillèrent. Le cratère fut désobstrué par de formidables explosions de gaz et de vapeur, et ce fut là le prélude d'une grande éruption qui ne ressembla en rien ni à celles qui l'avaient précédée ni à celles qui la suivirent. Une immense gerbe de cendres, de sable et de scories brûlantes s'éleva du cratère pendant plusieurs jours, et tous ces produits qui remplissaient l'air, retombèrent en pluie et recouvrirent absolument toute la montagne de couches épaisses et de lits alternants très nettement stratifiés, de tuf et de cinérite dont l'ensemble atteignit en quelques points 80 mètres de puissance! Vers le milieu du phénomène, des nuées de blocs de trachyte, noircis et en partie scoriacés, tourbillonnèrent dans les airs comme des flocons de neige et furent dispersés sur toute la contrée; leur chute fut suivie de quelques petites coulées de conglomérat. Une dernière émission de cendres noires et de scories blanches, accompagnées de cristaux d'hornblende, de petits fragments de trachyte et de basalte, termina cette violente éruption.

Les forêts furent subitement ravagées. Les feuilles qui étaient sur pied furent hâchées par la grêle de scories, mais celles qui reposaient sur le sol furent admirablement conservées soit par les cendres, soit par les scories fondues qui se moulaient exactemement sur les tissus les plus délicats.

Les énormes volumes de vapeur qui se dégageaient du cratère, se résolvaient en pluies torrentielles qui furent l'agent de stratification pour tous les matériaux qui se précipitaient de l'atmosphère. Nulle part la stratification ne se fit mieux qu'au Pas de la Mougudo. Là, les couches, les lits et les min-

ces feuillets de tuf ponceux et de cinérite se déposèrent tranquillement sur une épaisseur de 80 mètres;
là, des palissades ondoyantes de Bambous et des
arbres de haute futaie furent ensevelis debout. Sur
les points les plus opposés, à Cheylade, à St-Vin-
cent, à Joursac, les choses se passèrent de la même
manière. Ailleurs, à la Peyre-del-Cros, à Auzers,
des avalanches fangeuses renversèrent les forêts et
couchèrent tous les troncs dans le même sens.
A Benech, au dessus de Mandailles, au Pas de
Compain, à Chambeuille, près Murat, les torrents
accumulèrent les troncs brisés dans des bas-fonds
où ils se transformèrent en un lignite tantôt terreux,
tantôt très pur et très compacte.

Troisième période de tranquillité.

Dénudation. — Après cette crise paroxysmale,
le volcan sommeilla pendant un immense laps de
siècles, et durant ce temps ses pentes inférieures
furent largement dénudées par les eaux courantes auxquelles les tufs et les cinérites n'offraient
qu'une faible résistance.

Quatrième phase d'activité volcanique.

Éruption de conglomérat trachytique (K).
— Mais voici que les profonds soupiaux mugirent
encore et vomirent de gigantesques coulées de con-

glomérat trachytique qui englobèrent tout le volcan
et s'avancèrent fort loin dans la plaine. Ces coulées
atteignirent, près du cratère, une épaisseur de 250
mètres, et, sur quelques points, elles portèrent l'altitude générale jusqu'à 4 650 mètres ; en descendant
vers la plaine, elles diminuaient graduellement
d'épaisseur, et à leur extrémité inférieure elles ne
présentaient pas plus de 40 mètres de puissance.

Ce conglomérat (K) diffère essentiellement du tuf
ponceux (G) : il est beaucoup plus dur et plus
solide, sa couleur est toujours sombre, les blocs
sont plus altérés et intimement soudés à la pâte
qui les cimente, celle-ci est beaucoup moins abon—
dante et très tenace ; de plus, il ne renferme jamais
ni granite, ni gneiss, ni argile, ni calcaire, ni silex,
et cela parce que la cheminée volcanique avait été
nettoyée par les éruptions précédentes.

Ce fut sans nul doute au commencement de cette
éruption que quelques coulées de roches presque
indéterminables (J) s'épanchèrent du cratère et
ruisselèrent vers le Sud en nappes peu étendues,
qui disparurent bientôt sous la masse des effroya-
bles avalanches de conglomérat. Ces roches (J) sont
souvent très vives, subvitreuses, passant, ici ou là,
tantôt au trachyte dur et compacte avec opale, ou
porphyroïde à cristaux d'hornblende, tantôt à la
phonolite ou au pétrosilex, tantôt au basalte galli-
nace ou au basalte finement porphyroïde friable.
Les principaux gisements de ces roches aberrantes

sont aux Chazes, à Thiézac, à Lestrade , au Rocher
des Aigles, au Bruget.

Quatrième période de tranquillité.

Cette formidable éruption de conglomérat — de
beaucoup la plus importante de toutes celles que
devait vomir la fournaise — fut suivie d'un temps de
calme dont l'immense durée fut proportionnée à la
puissance des prodigieux efforts qui venaient de
s'accomplir. Des milliers d'années ou de siècles
furent nécessaires, soit au desséchement et à la
solidification de toutes ces épaisses vagues de fange
mêlée de pierres et de rochers, soit au déchirement
et à l'érosion profonde que les eaux météoriques et
torrentielles firent subir à toute la surface de ce
conglomérat vieilli, dont les tumultueux entassements avaient acquis une solidité qu'on aurait pu
croire invincible.

Cinquième phase d'activité volcanique.

**Trachyte , sa localisation auprès du cra-
tère ; filons**. — Le trachyte fondu (L) qui n'était
encore entré pour rien dans l'économie du volcan,
allait se montrer; les filons (L') allaient aussi jouer
un rôle considérable.

Sachons que l'orifice du cratère atteignait une
altitude plus considérable que celle que nous venons

d'attribuer tout à l'heure aux points culminants du conglomérat trachytique, car un cône d'éruption (S) de plusieurs centaines de mètres de haut et de 10 kilomètres de diamètre dominait déjà le conglomérat.

Sans qu'aucune émission de produits fragmentaires ait annoncé un nouveau paroxysme, le trachyte fondu remplit la cheminée volcanique et, à quatre reprises, il s'épancha en épaisses coulées qui furent séparées par des lits de fragments agrégés, mélangés de quelques scories. Ces coulées, à cause de leur grande viscosité, s'arrêtèrent et s'entassèrent au pied du cône d'éruption où elles formèrent un large anneau ; elles ne descendirent jamais, en moyenne, au-dessous de 1 200 mètres, malgré la forte inclinaison des pentes (3, 4 et 5°), sur lesquelles elles se mouvaient. Chacune des lourdes assises de cet anneau de trachyte, offre dans sa faible étendue les variétés vacuolaire, amygdaloïde, prismatique, compacte, subvitreuse, porphyroïde, avec mica bronzé et cristaux de ryacolite, porphyroïde à cristaux d'hornblende, etc.

Mais quand ce trachyte en fusion s'éleva jusqu'au cratère, les flancs du volcan n'eurent pas assez de solidité pour résister à la formidable pression de cette énorme colonne de roche fondue ; alors, des faisceaux de profondes crevasses s'ouvrirent dans le haut de la montagne et se propagèrent au loin jusqu'à son pied. Au moment même où ces crevasses étaient engendrées, le trachyte les remplissait d'emblée, et ainsi se formaient, à chaque montée du trachyte, de nombreux filons dont la puissance variait de 50 centimètres à 3 mètres; ceux de 10 à 25 mètres (St-Jacques-des-Blats, cirque de Font-Allagnon, ruisseau des Gardes, ravin de la forêt du Lioran, Aurillac, Carlat, etc.) furent de rares exceptions.

Ces filons dont la direction est le plus souvent de l'Est à l'Ouest, présentent ordinairement dans leur parcours plusieurs variétés très tranchées, et ils sont toujours accompagnés d'un abondant conglomérat par frottement. Quelques-uns, vers le pied du volcan, servirent au soutirage du trachyte pâteux et engendrèrent des coulées faibles et maussades (Aurillac, Menet, Riom-ès-Montagnes).

Cinquième période de tranquillité.

Un long assoupissement, accompagné d'un souffle continu et entrecoupé par de fréquentes palpitations, succéda à l'éruption de trachyte. Ce qui nous prouve qu'il en fut ainsi pendant cette période de calme, c'est que le cône d'éruption (S) s'accrut considérablement par l'accumulation des produits fragmentaires et pulvérulents rejetés sans cesse dans l'atmosphère par le courant gazeux venant des profondeurs, et empiéta largement sur le vaste et épais anneau de trachyte qui avait entouré le cratère.

Sixième phase d'activité volcanique.

Phonolite (M); Obsidienne (N); Pechstein et Arragonite (N'); Domite (O). — Deux éruptions de phonolite (M) tentèrent de rallumer l'incendie, mais elles n'eurent qu'une chétive importance. Les deux coulées qui en furent le résultat, essayèrent de s'éloigner du cratère, mais elles eurent beaucoup de peine à s'étendre un peu au-delà d'un massif de trachyte qui était, comme elles, en partie englobé dans les flancs du cône d'éruption (S). La première de ces coulées de phonolite, massive, compacte, très dure, verte, à cassure céroïde, fut de beaucoup la plus considérable (Puy-de-Griounnaux, la Roche-Blanche, Puy-de-l'Usclade); la seconde, fissile, écailleuse, tendre, nacrée, se superposa à l'extrémité Nord-Est de la première (Puy-de-Griou). Contrairement aux autres roches du Cantal, la phonolite eut plusieurs centres éruptifs qui, à partir des sommets (Roche-Taillade, plateaux de Dienne) jusqu'au pied Nord-Ouest de la montagne, fournirent de puissantes coulées (Escourelle, Marcombe, Roche d'Aldis, la Devèze, Rocher des Blattes, Milhac, Urlande). Les filons de cette roche lardèrent tout le cœur du volcan, et ce fut presque en même temps que d'immenses gerbes de filons de domite (O) se glissèrent dans les parois Sud et Sud-Est de la cheminée, mais sans pouvoir arriver à l'air libre (Pas-de-Compain, les Chazes, cirque de Font-Allagnon, le Lioran). Quelques-uns de ces filons de domite (O), dont les variétés sont très nombreuses et très intéressantes, se transformèrent en obsidienne verte ou noire (N) sur quelques points de leur trajet, ce qui démontre que les nombreux filons d'obsidienne (N)[*] (bords du Viaguin, Veyrières, les Tournets, ravin de Lavergne, Grépinet, Pranadau) serpentant dans les parois Sud et Sud-Est du cratère, c'est-à-dire dans la même région que les filons de domite, eurent la même origine que cette domite ; toutefois, celle-ci coupe très nettement des filons d'obsidienne verte, comme on le voit au ravin des Gardes.

A la même époque, des eaux thermo-minérales remplissaient des fissures et des crevasses de grands cristaux d'arragonite et de pechstein noir intimement mélangés (N') (hameau de Lestrade, Thiézac).

Sixième période de tranquillité.

Cône d'éruption (S). — Après les faibles émissions de phonolite et la formation des filons de

---

[*] L'obsidienne verte a profondément vitrifié les filons de trachyte qu'elle rencontrait sur son passage (bords du Viaguin) ; elle est la seule roche volcanique du Cantal qui ait produit quelque effet de métamorphisme.

domite et d'obsidienne que nous venons de signaler, le volcan entra dans un état de faible activité qui dura des siècles et des siècles.

Pendant ce temps le cône d'éruption (S) croissait sans cesse par l'accumulation, en lits alternants, des cendres, du sable, des lapilli, des ponces, des scories rejetés continuellement, mais en faibles quantités. Ces produits aériens ruisselaient par petites vagues qui se cimentaient solidement et qui, en arrivant sur le dos des coulées de trachyte ou de conglomérat, se moulaient exactement sur toutes leurs aspérités, pénétraient dans les moindres creux et se soudaient partout très fortement, même sur les surfaces les plus lisses. Les eaux pluviales qui descendaient du sommet formaient des traînées de sable lavé et de petits cailloux roulés qui alternaient avec les produits ignés. Les pentes de ce piton terminal variaient entre 35° et 40°; il s'élevait brusquement au-dessus des pentes douces (3, 4 et 5°) qui le supportaient, et il s'élançait jusqu'à l'altitude de 3 500 mètres environ.

TERRAIN PLIOCÈNE SUPÉRIEUR.

Premiers linéaments des grandes vallées; derniers dépôts Pliocènes (P). — Plusieurs ébauches de vallées larges et peu profondes rayonnaient en divergeant à partir des hauteurs

moyennes ; elles suivaient les lignes de plus grande
pente des flancs du volcan et elles s'avançaient fort
loin sur la ceinture de terrain Primitif ; elles étaient
la première esquisse des vallées futures de la Cère,
de la Jordanne, de l'Allagnon, de la Rue, de la
Marse, etc. ; leur thalweg était encombré par un lit
de cailloux roulés (P) de trachyte et de basalte, entraînés et délaissés par des eaux courantes, soit
temporaires, soit permanentes. L'ébauche de la
future vallée de la Cère, au lieu de verser ses eaux
dans la Dordogne, comme elle devait le faire plus
tard, quittait la direction Sud-Ouest vers Roziers
et Puy-Basset pour tourner brusquement au Sud-
Est et se rendre tributaire de la Truyère et par conséquent du Lot ; dans ce trajet Sud-Est, elle coupait
presque à angle droit la direction rayonnante que
devaient avoir plus tard les ruisseaux de Carlat, du
Dat, de Calve, d'Escoubiac, la rivière du Goul, etc.,
dont rien n'indiquait encore l'existence.

Le climat avait changé depuis les temps où ré-
gnait la flore Pliocène inférieure ; il s'était un peu
refroidi. Tous les hivers, la neige venait blanchir
le haut piton (S), et chaque printemps la fonte de
cette neige produisait les inondations entraînant
les cailloux roulés qui remblayaient les vallées
naissantes.

Une végétation luxuriante ombrageait tout le
volcan

Septième et dernière phase d'activité volcanique.

**Dernière éruption; inondation basalti-
que (Q).** — Les choses en étaient depuis bien
longtemps au point où nous venons de les laisser,
quand survint tout à coup une nouvelle éruption.
Le basalte bouillonnant s'éleva très haut dans le
cône terminal qui, trop faible pour épauler et sou-
tenir le poids colossal de cette colonne liquide,
craqua au Nord, au Nord-Est, à l'Est et à l'Ouest.
Ces larges crevasses s'arrêtèrent un peu au-dessus
du niveau de l'anneau de trachyte, et, aussitôt
formées, elles laissèrent échapper des torrents de
basalte (Q) tellement prodigieux qu'ils s'étendirent
de tous côtés, se rejoignirent partout sur leurs
bords, couvrirent absolument toutes les pentes d'un
manteau brûlant, dépassèrent le pied du volcan et
ne s'arrêtèrent qu'après avoir inondé dans la plaine
4 ou 5 lieues, et même davantage, de terrain Tertiaire, de calcaire cristallin, de terrain Houiller, de
gneiss et de granite. Les forêts furent laminées,
pulvérisées, transformées en une boue charbon-
neuse. Toute vie fut anéantie dans le district volcanique.

Ce déluge de basalte répandit une implacable
monotonie sur toute la montagne : les flots ardents
noyèrent tout, ils s'accumulaient derrière les grands
accidents transversaux qu'ils rencontraient sur les

pentes, ils les surmontaient et retombaient ensuite en cascade ; seuls, les linéaments des futures vallées rayonnantes ne furent pas complètement nivelés ; les torrents de feu trouvèrent dans ces larges sillons un écoulement plus facile que sur les pentes couvertes d'aspérités, ils y coulèrent en toute liberté en se surbaissant dans leur parcours et en exerçant sur les cailloux roulés des thalwegs (P') une effroyable pression. Partout sur le volcan, aussi bien sur les pentes rapides que dans les vallées, l'épaisseur de l'armure basaltique oscilla entre 25 et 50 mètres ! De temps à autre un nouvel afflux de basalte fondu amenait un nouvel épanchement et, dans les points voisins des parties les plus profondément éguculées (hautes vallées de la Marse et de la Maronne), six courants, séparés par de minces lits de scories, se superposèrent, et leur ensemble atteignit une épaisseur de 120 mètres ! Les derniers efforts souterrains engendrèrent deux puissantes coulées de dolérite, qui ruisselèrent fort loin sur le basalte, l'une vers le Nord-Est (Mauriac, Anglards, Auzers), l'autre vers l'Est (environs de St-Flour, les Ternes, Bouzentes, Fressanges).

Pendant cette fameuse éruption, de nombreux filons basaltiques très nets (Q') coupèrent à peu près verticalement, dans le voisinage du cratère, toutes les roches préexistantes ; ils se déclarèrent en plus grand nombre dans le Nord-Ouest que dans l'Est et Sud-Ouest, ces dernières régions ayant été antérieurement consolidées par des légions de filons trachytiques. Les émissions de cendres rouges et de scories rouges et noires, qui accompagnèrent la sortie des basaltes, furent relativement très faibles et localisées dans le voisinage immédiat des trous de coulée.

Tandis que l'épaisse carapace de basalte se refroidissait, les feux souterrains s'endormaient, peut-être pour toujours, sous l'énorme masse du Cantal. Tout devint silencieux ; au règne du feu allait succéder celui des frimas ; la décrépitude allait commencer.

II. Ages Quaternaires.

PREMIÈRE PÉRIODE GLACIAIRE.

Le Cantal sous une vaste coupole de glace ; comment celle-ci se mouvait ; premier aperçu de son action sur le sol sousjacent et de ses phénomènes de transport. — Invasion des plantes du Nord. — Quand nous pouvons, longtemps après l'éruption basaltique, ressaisir le fil de la géogénie du Cantal, nous nous trouvons en pleine période Quaternaire. Voici ce qui se passait :

Le cône d'éruption (S), égueulé, tombant en ruine, à demi écroulé dans le cratère obstrué, était couvert d'une puissante couche de névés, et tout le volcan était caché sous un épais et lourd manteau de glace. Que nous sommes loin des âges où la flore Pliocène inférieure, baignée par une vive lumière et par une température sub-tropicale, ombrageait notre jeune volcan! Les larges digitations de la mer de glace Cantalienne s'avançaient au loin en glaciers énormes qui s'étendaient de tous côtés sur le plateau de terrain Primitif et empiétaient fort avant dans tous les départements limitrophes, celui du Lot excepté. Au Nord, cette mer de glace se réunissait et se confondait avec celles qui descendaient des pentes Sud du Mont-Dore et des pentes Ouest du Cézallier, et la gigantesque masse, résultant de cette réunion, comblait la large et haute vallée Primitive dans laquelle les trois volcans avaient si souvent mêlé leurs obscures nuées de cendres et leurs laves ardentes. Les trois glaciers, après s'être confondus, glissaient vers l'Ouest suivant la pente générale de ce district. Au Nord-Est, le déluge de frimas rencontrait le glacier des pentes Sud-Est du Cézallier, et il se détournait un peu vers l'Est. Au sud-Est, les champs de glace qui se dirigeaient vers la Margeride, butaient contre ceux qui descendaient de cette chaîne et les uns et les autres se déviaient brusquement au Sud-Ouest dans le sens de la vallée où devait couler plus tard la Truyère. Vers tous les autres points de l'horizon, au Sud, au Sud-Est et à l'Ouest, la vaste coupole glacée se mouvait librement et, à l'exception de quelques-uns de ses promontoires, elle ne descendait guère au-dessous de 550 mètres d'altitude. Dans son mouvement de descente, elle polissait, striait et moutonnait les flancs du volcan, mais elle exerçait une action infiniment plus énergique sur les contrées gneissiques qui, à cause de leurs allures très tourmentées, lui opposaient une résistance beaucoup plus considérable que les plans réguliers et uniformément inclinés des coulées de basalte.

Sur les larges croupes de l'immense glacier cheminaient lentement de formidables convois (T) de blocs de basalte et d'énormes tables de trachyte porphyroïde ; ces débris provenaient, les uns des crêtes basaltiques, les autres de l'anneau de trachyte qui, çà et là, formait, à l'altitude de 1 800 mètres, le rebord de l'atrium. Ces débris (T) mélangés à des lambeaux du cône d'éruption et à des rochers de conglomérat, étaient transportés loin du volcan et abandonnés de tous côtés sur le plateau Primitif à 6 ou 8 lieues en avant de leur gisement (Vallée de la Ruc, Puy-d'Espinet, Salesse, Vézac, Carlat, etc., etc.) ; nous les reverrons tout à l'heure.

La végétation du Cantal avait été complètement anéantie par l'inondation de basalte fondu, mais la première période Glaciaire que nous considérons devait lui redonner la vie en le dotant d'une flore nouvelle. Le grand labyrinthe de mers de glace et de glaciers, qui s'étendait comme un réseau à mailles serrées sur le Nord de l'Asie, de l'Amérique, de l'Atlantide et de l'Europe, offrit aux plantes du Nord un chemin sûr pour envahir, de proche en proche, le bord des vallées et les rochers des montagnes, devenus presque déserts par les vides que l'abaissement de température (4 ou 5° tout au plus) faisait dans les rangs des quelques plantes Miocènes et Pliocènes qui avaient subsisté jusque dans l'époque Quaternaire et qui, pour la plupart, luttaient en vain contre la rigueur du nouveau climat. Et, sans doute, le Cantal était enseveli sous la glace depuis une longue série de siècles, lorsque la flore Arctico-Alpine vint pour la première fois former à son pied un nouveau tapis végétal et couvrir de verdure les îlots de rochers dispersés au milieu des hauts déserts de glace. Mais nous devons considérer d'autres phénomènes; nous retrouverons bientôt cette flore septentrionale sur le volcan débarrassé de l'étreinte des frimas.

PÉRIODE INTERGLACIAIRE.

Élévation de la température; fusion de la coupole de glace; torrents diluviens,

creusement des vallées; origine, formation et dépôt du vieux Diluvium des plateaux. — Démantèlement et nouvel aspect du volcan; description des grandes ruines : escarpements des vallées, pics, puys; appareil glaciaire et vieux Diluvium des hauts plateaux.—La flore Arctico-Alpine, accompagnée par une légion de Mollusques septentrionnaux, gravit les flancs décharnés du volcan. — Climat de la première période Glaciaire. — Climat de la période Interglacière; arbres, arbustes. — Premier ban de plantes Asiatiques. — Le silence glacial et la monotonie implacable qui duraient depuis des temps qui confondent l'imagination, furent enfin interrompus par le commencement de la période Interglacière. Un léger réchauffement de l'atmosphère amena le plus affreux tumulte, la plus effroyable débacle qu'on puisse imaginer. Toute la surface de la mer de glace Cantalienne, attaquée en même temps, fournit des torrents d'eau considérables qui, en se rénnissant dans les parties déclives de plus grande pente, roulaient à grands flots avec une vitesse vertigineuse. Par leur masse et leur vitesse, ces eaux de fusion étaient capables de produire les effets destructeurs les plus grandioses ; elles approfondirent rapidement leur lit, et ce fut dans leur direction qu'elles effectuèrent le creusement des vallées. Dès que sur leur trajet la glace fut rongée jusqu'au sol volcanique, elles désarticulèrent et descellèrent les prismes de basalte, les tables de trachyte, les blocs du conglomérat, qui battaient en brèche tout ce qui faisait obstacle ; furieuses, elles entraînaient toutes ces lourdes épaves qui se transformaient bientôt en cailloux roulés (U) presque tous métriques et souvent gigantesques. A partir du moment où le manteau de basalte fut çà et là profondément déchiré depuis l'atrium jusqu'à la plaine, le creusement des vallées marcha beaucoup plus vite que la dénudation générale ; et, en effet, la pente des vallées augmentait rapidement, car elles s'approfondissaient d'abord très peu dans les hautes régions, tandis que, longtemps avant de déboucher dans la plaine, quelquefois même dans le premier tiers de leur longueur, elles étaient presque toutes creusées jusqu'au terrain Primitif, lequel était lui-même profondément entamé (vallées de la Doire, de la Marse, de la Rue, de la Santoire, de l'Allagnon), et les eaux s'engouffrant en masse et sans tatonner dans ces vallées à pentes rapides, leur vitesse et, par suite, leur force érosive étaient centuplées. A mesure que le front de la coupole glacée reculait, il arrivait souvent que les blocs (T) qu'elle transportait, étaient abandonnés sur des plateaux où les eaux n'avaient pas assez de force pour les déplacer et les rouler, et la direction des longs convois de débris dont nous avons parlé plus haut était ainsi jalonnée et conservée.

Les dernières eaux de fusion continuèrent à s'écouler pendant bien longtemps, moins abondantes et moins tumultueuses, et elles finirent de donner aux vallées la forme et la profondeur qu'elles devaient, à très peu de chose près, toujours conserver.

Quel aspect délabré offrait le grand volcan après cette tourmente! Le cône d'éruption (S) n'existait plus, il était réduit à d'immenses lambeaux, à de gigantesques corniches, à de grands arcs de cercle soudés tout autour du cratère, soit sur le trachyte, soit sur le conglomérat; ses plus grandes ruines s'étendaient du pied de la butte du Plomb jusqu'au Cantalon, d'autres vastes débris subsistaient au pic du Rocher, au Nord du Puy-Chavaroche, à Roche-Taillade, etc.; sa désagrégation avait fourni des masses prodigieuses de boue.

Les épaisses coulées de trachyte (L) qui formaient jadis une couronne continue et uniforme autour du cône d'éruption, étaient transformées en une crête déchiquetée en pics, dont les principaux étaient, en allant circulairement de l'Est à l'Ouest: le pic de la Croix, le Puy-Brunet, le Cantalon (1 806 mètres), le pic du Rocher (1 800 mètres), le Puy-de-Peyroux, le Roc de Combe-Nègre, le Puy-de-Bataillouse (1 686 mètres), le Puy-de-Pierre-Arse (1 567 mètres), le Puy-Mary (1 787 mètres), l'Homme de Pierre ou Chavaroche (1 744 mètres), le Puy-d'Orcet (1 474 mètres). Ce cirque de trachyte était interrompu au Nord-Est et au Sud-Ouest dans le haut des vallées de l'Allagnon, de la Cère et de la Jordanne; toutefois, entre ces deux dernières, il était jalonné par un môle énorme commandé par le pic de l'Elancèze (1 503 mètres).

Le cratère était obstrué par des entassements de roches écroulées; ses parois à pic circonscrivaient un cirque de deux lieues et demie de diamètre. Juste au milieu de ce cirque, moitié sur le conglomérat, moitié sur un étroit promontoire de trachyte qui se détachait de la crête du Nord-Est, les deux coulées de phonolite (M), antérieurement englobées dans le cône d'éruption, apparaissaient déchaussées et déchiquetées en pics élancés, à savoir : le Puy-de-Griou (1 694 mètres), le Puy-de-Griounaux (1 452 mètres), l'Usclade (1 493 mètres) et la Roche-Blanche.

Le manteau basaltique (Q) raviné par quatorze grandes vallées et leurs affluents supérieurs, se présentait sous forme de hauts et vastes plateaux triangulaires dont l'altitude moyenne se maintenait à 1 300 et 1 000 mètres. Dans chacun de ces grands triangles l'angle aigu était tourné vers les hauteurs centrales, tandis que la base regardait la plaine et était toute frangée par le commencement d'une multitude de petites vallées qui y prenaient naissance. Les points culminants de ces triangles formaient en dehors du cercle des pics trachytiques, que nous avons mentionnés tout à l'heure, un cercle de puys

basaltiques moins élevés, de ce nombre : les sommets de Prat-de-Bouc (1 528 mètres), du Col de la
Tombe-du-Père (1 583 mètres) et la butte du Plomb
(1 858 mètres) commandant tout le plateau de l'Est
(Planèze) ; les puys de Pramajou (1 492 mètres)
et de Gelneuf (1 473 mètres), les monts du Limon
(1 568 mètres), le promontoire de Lagarde (1 490
mètres), qui dominent le plateau du Nord-Est jusqu'aux contreforts du Cézallier ; le puy de la Tourte
(1 709 mètres), le suc de Rond (1 582 mètres), le
Puy-Violent (1 594 mètres), le Puy-de-Peynobre,
le suc de Récuset (1 534), situés près des crevasses
du cône d'éruption qui fournirent les immenses
coulées du Nord-Ouest et de l'Ouest ; le Puy-Gros
(1 599 mètres), voisin de la source d'où s'épanchèrent les larges coulées du Sud recouvrant au loin
le territoire du Nord de l'Aveyron. La dénudation
avait marché avec une incroyable énergie dans la
direction du Sud-Ouest, car, depuis la vallée de la
Cère jusqu'à celle de la Bertrande, l'enveloppe basaltique avait été presque entièrement déchirée,
désagrégée et entraînée, elle n'était représentée que
par une centaine de témoins et par quelques grandes nappes couronnant les hauteurs et reposant sur
le conglomérat trachytique ; les plus importants
parmi ces lambeaux étaient : le plateau du Coyan
(1 218 mètres), entre les vallées de la Cère et de la
Jordanne ; les grandes tables entre les vallées de
la Jordanne et de l'Autre ; les étroites et longues

nappes occupant toutes les hauteurs entre les vallées de la Doire et de l'Aspre et reposant en amont sur la ceinture de trachyte (1 310 mètres).

Dans toutes les vallées, la structure du volcan se montrait de la manière la plus évidente ; les plus profondes, celles de la Cère, de la Jordanne, du Goul, de l'Allagnon, de la Rue, de la Marse, etc , offraient le terrain Primitif (1.1'), l'argile Eocène (C), la formation Miocène calcaire, marneuse, siliceuse (D.D'D''), le basalte Miocène (E), les alluvions Miocènes supérieures (F), la flore Pliocène inférieure avec les cinérites (I), le basalte porphyroïde (II), le conglomérat trachytique (K), et enfin, à 200 ou 250 mètres au-dessus du thalweg, le lit de cailloux roulés Pliocènes supérieurs (P'), supportant le basalte des plateaux (Q). Près du cratère (Pas-de-Compain, Font-de-Cère, haute vallée de la Jordanne, cirque de Font-Allagnon, ruisseau et ravin des Gardes, etc.), les filons se montraient en gerbes et le trachyte (L') apparaissait coupé par la phonolite (M), l'obsidienne (N) et la domite (O), et celles-ci coupées à leur tour par le dernier basalte (Q).

Enfin, sur tous les plateaux, sur toutes les croupes, depuis l'altitude de 1 200 mètres jusqu'aux confins du département, l'on apercevait les stries et les cannelures creusées par la lourde calotte de glace ; toutes les protubérances, toutes les collines étaient polies, moutonnées, creusées de profonds sillons, et, sur tout cet appareil meurtri par des

chocs formidables, reposaient d'énormes cailloux
roulés (U) et de monstrueux blocs erratiques (T).
Tantôt tous ces débris étaient éparpillés, tantôt ils
étaient accumulés en nappes épaisses ou en longs
amas ressemblant à des osars ; le sable et la boue
entraient pour beaucoup dans la structure de ces
amas. Les flancs et le fond des vallées présentaient
aussi, par places, ces énormes cailloux roulés et
ces blocs erratiques soit isolés, soit entassés. Les
cailloux roulés volcaniques diminuaient rapidement de volume en s'éloignant du pied du volcan,
et là, ils se mêlaient à ceux qui étaient arrachés au
terrain Primitif et, en longues traînées, ils se pro-
pageaient fort loin dans tous les départements voisins (Puy-de-Dôme, Corrèze, Lot, Aveyron, Lo-
zère) et se confondaient avec ceux de ces districts
pour constituer, mélangés au limon, le vieux Diluvium des plateaux.

La flore Artico-Alpine qui, comme nous l'avons
vu ci-devant, s'était avancée jusqu'au front des
nappes de glace du Cantal et avait même envoyé
ses colonies sur les îlots de rochers qui perçaient
les hautes solitudes, eut beaucoup à souffrir de la
terrible inondation qui venait d'inaugurer la période
Interglaciaire. Mais une fois la glace fondue, elle
s'avança jusqu'au volcan en ruines, gravit peu à
peu les pentes désertes, cacha les terres écorchées,
ravinées, et s'éparpilla sur les flancs des pics dé-

charnés *. Toute une légion de Mollusques **, amis du ciel brumeux et de l'humidité, avait accompagné de moraine en moraine la flore envahissante, et la suivit jusqu'aux plus hautes stations Cantaliennes.

Cette flore Arctico-Alpine avait besoin pour subsister d'une température moyenne annuelle de + 5°, 16 C. environ, telle était donc la température de la première période Glaciaire. Mais depuis que la période Interglaciaire avait commmencé, la température s'élevait et elle finit par atteindre une moyenne annuelle de + 10° à + 11° C.; tou-

---

* Entre autres plantes Artico-Alpines, les suivantes sont très communes sur le Cantal : *Arabis Alpina, Cardamine pratensis, Cerastium Alpinum, Empetrum nigrum, Chrysosplenium alternifolium, Poa pratensis, Festuca ovina, etc., Gnaphalium Norwegicum, G. supinum, Erigeron Alpinus, Mulgedium Alpinum, Chrysanthemum leucanthemum, Taraxacum dens-leonis, Phyteuma hemisphæricum, Myosotis sylvatica, Bartsia Alpina, Veronica Alpina, Aconitum lycoctonum, Capsella bursa-pastoris, Stellaria media, Viola biflora, Saxifraga stellaris, S. Aizoon, S. hypnoïdes, S. tridactylites, Sedum villosum, Epilobium origani-folium, Comarum palustre, Alchemilla Alpina, Soldanella Alpina, Salix herbacea, S. phylicifolia, S. Lapponum, Veratrum album, Luzula glabrata, L. spicata, Scirpus cœspitosus, Poa Sudetica, P. Alpina, P. Annua, Agrostis rupestris, Phleum Alpinum*, etc., etc., *Asplenium septentrionale*, etc., *Cetraria Islandica*, etc.

** Ces Mollusques sont : *Succinea oblonga, Helix strigella, H. arbustorum, H. hortensis, H. obvoluta, H. pulchella, H. rotundata, H. nitens, H. nitidula, H. crystallina, Achatina lubrica, Clausilia dubia.*

tefois, le climat était resté humide, et pendant que cet état de choses s'établissait, un grand nombre d'arbres et d'arbustes * arrivèrent, ils ombragèrent toutes les vallées et s'acclimatèrent même très-haut; en même temps une multitude de plantes Arctico-Alpines qui s'étaient attardées dans la plaine succombèrent suffoquées par le climat Interglaciaire devenu trop chaud. Peut-être un premier ban de plantes Asiatiques avait déjà élu domicile au pied de la montagne?

DEUXIÈME PÉRIODE GLACIAIRE.

Abaissement de température. — Glaciers des vallées; moraines. — Accroissement de température; fusion partielle des glaciers des vallées; remaniement des moraines profondes. — Abaissement de température; les glaciers reviennent stationnaires pour longtemps. — Accroissement de température; fusion définitive des glaciers du Cantal; formation des thalwegs et terrasses

---

* De ce nombre : *Abies pectinata, Fagus sylvatica, Betula alba, Corylus avellana, Acer pseudo-platanus, Populus tremula, Populus alba, Quercus pedunculata, Carpinus betulus, Ulmus campestris, Evonymus Europœus, Salix purpurea, S. fragilis, S. aurita, S. viminalis, S. cinerea, Cornus sanguinea, Rhamnus catharticus, R. frangula* etc.

inférieures; commencement des temps Post-glaciaires ; les plantes Arctico - Alpines séquestrées sur les sommets du Cantal et dans les tourbières; grande invasion des plantes Asiatiques. — La température s'étant abaissée de nouveau, les frimas tentèrent de rétablir leur ancien empire. La neige s'accumula en masse sur le vieux volcan et les cirques des hautes vallées servirent de réservoirs pour des névés qui engendrèrent et alimentèrent seize grands glaciers et leurs affluents. Ces glaciers occupèrent dans le Sud-Ouest les vallées de la Cère, de la Jordanne et de l'Autre ; dans l'Ouest, celles de la Doire, de la Bertrande, de l'Aspre et de la Maronne ; au Nord-Ouest, celle de la Marse ; au Nord, celles de la Varenne, de la Rue et de la Santoire ; au Nord-Est, celle de l'Allagnon ; au Sud, celles des Landes et de Prat-de-Bouc ; au Sud, celles de Brezons et du Goul.

Parmi ces glaciers, les plus grands, ceux de la Cère, de la Jordanne, de la Marse, de la Rue, atteignirent une longueur de 30 à 38 kilomètres, les autres restèrent dans des limites comprises entre 15 et 20 kilomètres. Les plus épais ne s'élevèrent jamais au-dessus du tiers inférieur de la hauteur des flancs des vallées, et ils restèrent, par conséquent, toujours à 200 et 250 mètres en contre-bas de l'appareil glaciaire de la première période qui occupait les plateaux.

Les moraines latérales (V), médianes, profondes (X) et frontales (Y) de ces glaciers de la deuxième période offraient toutes un caractère commun, elles étaient en partie constituées par des masses prodigieuses de boue et de sable dans lesquelles étaient noyés les blocs anguleux et des galets. Cette boue et ce sable provenaient principalement du tuf ponceux, roche très friable, qui dans toutes les hautes vallées servait de lit aux glaciers. De plus, les moraines latérales étaient singulièrement jalonnées par de longues files de grands cailloux roulés de la première période, enlevés, transportés et alignés régulièrement par les glaciers qui nous occupent.

Les moraines des vallées de la Cère, de la Jordanne, de la Rue, de l'Allagnon etc. offrent des exemples de ces énormes cailloux roulés et de ces blocs transportés en seconde main.

Ces seize glaciers s'avancèrent tous au-delà du terrain volcanique, et ils édifièrent sur le gneiss leurs moraines frontales. Chemin faisant ils striaient et polissaient les roches qui les encaissaient, mais, à la longue, ces stigmates disparaissaient sur le tuf ponceux et en partie aussi sur le conglomérat trachytique, trop tendres pour les conserver, et ils ne subsistaient que sur de faibles espaces, sur les filons de basalte et de trachyte, sur certaines variétés de gneiss et sur le granite.

Une élévation de température, accompagnée peut-être d'un plus grand degré de sécheresse dans l'at-

mosphère, vint tout à coup surprendre tous ces
glaciers qui furent contraints de reculer de 8 à 12
kilomètres et d'abandonner leurs principaux affluents, lesquels, après s'être désarticulés, remon-
tèrent aussi vers leurs sources.

Les eaux torrentielles qui résultèrent de cet
épisode de fusion partielle s'étendirent en larges
nappes dans chaque vallée, et à mesure que les
glaciers en reculant découvraient leur moraine profonde, ces eaux la remaniaient, roulaient la plupart
des débris et les otissaient irrégulièrement. Dans les
grandes vallées (Cère, Jordanne,) elles enlevèrent
presque toute la boue et elles engendrèrent quelques strates peu étendues de sable pur, alternant
avec des cailloux roulés, ceux-ci toujours mélangés
de nombreux débris anguleux. Les moraines frontales furent en partie dispersées (Cère, Jordanne,
etc.) ou creusées de larges crénaux (Allagnon etc.).
Les moraines latérales n'eurent absolument rien à
souffrir de l'inondation, et dans le cas où la moraine frontale était déblayée et enlevée, elles retra-
çaient exactement, sous forme de long bras, la
longueur du glacier.

Quand le mouvement de retrait eut atteint 8 à 12
kilomètres, la température se refroidit de nouveau,
les glaciers s'arrêtèrent alors, et, ainsi réduits, ils
se remirent à l'œuvre et pendant une immensité de
siècles ils travaillèrent sans relâche à renforcer
leurs moraines latérales et à édifier de nouvelles

moraines frontales. Ces dernières atteignirent des proportions gigantesques (glacier de la Cère à Carnéjac, glacier de la Jordanne à St-Simon, etc.); elles furent considérables même au front des affluents désarticulés des grands glaciers (glacier de la ririvière d'Allanche, à Moissac, etc.).

Cependant le climat s'adoucit encore une fois, tout en devenant plus sec, et devant cette recrudescence de chaleur tous les glaciers du Cantal se retirèrent rapidement et s'évanouirent tout à fait. Les eaux de fusion n'eurent pas l'importance de celles qui furent engendrées par le précédent épisode de retrait, elles affouillèrent et creusèrent, mais seulement dans leur milieu, les moraines profondes déjà remaniées et elles produisirent dans chaque vallée une seconde petite vallée plus basse et enfermée entre deux terrasses de 4 à 8 mètres de haut, rigoureusement parallèles, très nettement dessinées et se terminant en V un peu au-dessus des dernières moraines frontales ; enfin, elles déposèrent dans le nouveau thalweg un lit de cailloux roulés et de sable plus ou moins stratifiés.

Un exemple frappant de la différence d'intensité entre les torrents diluviens résultant du premier épisode de fusion des glaciers de la deuxième période et les torrents résultant de la fusion définitive de ces mêmes glaciers nous est offert par les immenses remblais de cailloux roulés et par les terrasses qui accidentent vers leur terminaison les

vallées de la Cère et de la Jordanne et qui se conti-
nuent à travers la belle plaine d'Arpajon. Ainsi ,
pendant que les glaciers de la seconde période
subissaient leur retrait partiel, les torrents des vallées de la Cère et de la Jordanne formaient à leur
réunion dans la plaine d'Arpajon une nappe d'eau
tumultueuse de plus de deux lieues et demie de
large, atteignant d'une part jusqu'à La Vergne et à
La Vidalie et recouvrant d'autre part le bas plateau
du bois de Tronquières et délaissant dans l'espace
intermédiaire de prodigieux amas stratifiés de
sable et de cailloux roulés ; tandis que, pendant la
fusion définitive des glaciers, les torrents qui dé-
bouchaient des deux mêmes vallées pour se réunir
dans la même plaine, n'atteignirent jamais une
largeur de plus de trois kilomètres, largeur parfaitement indiquée par la distance qui sépare la
terrasse de la rive gauche de la Cère, un peu au-
delà d'Arpajon, de la terrasse de la rive droite de
la Jordanne, aux Champ-Migières et au Bousquet.
Et dans toutes les vallées du Cantal, les choses se
passèrent de la même manière ; les puissants dépôts
de sable et de cailloux roulés et les terrasses
parallèles nous le prouvent.

Avec l'épisode de fusion définitive la période
Postglaciaire venait de commencer. Les plantes
Alpines qui avaient suivi les derniers glaciers jusque dans la plaine, furent harcelées par la chaleur
et contraintes de remonter les pentes et de se

replier sur les hauts sommet où elles sout demeu-
rées sequestrées; cependant, quelques-unes s'arrêtèrent dans les tourbières des plateaux, aux bords
humides des lacs et même sur les moraines des
vallées (630 mètres) où elles ont fondé des colonies
vivaces.

Les mêmes phénomènes avaient lieu simultané-
ment dans toute l'Europe, et les grands vides que
la retraite des plantes Alpines laissa dans les plaines furent comblés par une grande invasion de
plantes Asiatiques craignant la chaleur sèche et les
froids humides et exigeant pour vivre un climat
moyen.

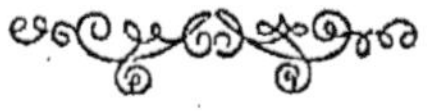

AGE RELATIF DU VOLCAN.

Le grand volcan du Cantal, dont l'existence comprit sept phases d'activité volcanique et six périodes de repos, commença à poindre vers la fin des temps Miocènes inférieurs avec les premières éruptions de basalte (E) qui ouvrirent l'ère volcanique; il eut son maximum de vitalité pendant la période Pliocène et ce fut alors qu'il prit ses proportions colossales; enfin il expira au commencement des âges Quaternaires.

Mais est-il bien vrai que le Titan ait réellement expiré? son immense respiration haletante est-elle à tout jamais éteinte dans sa vaste poitrine? J'ai cherché à répondre à cette question dans mes *Etudes sur les Volcans* (1866), et depuis lors mes idées à ce sujet n'ont point changé : « En examinant avec attention la marche intermittente, et à longues échéances, suivie par les phénomènes éruptifs, on reste convaincu que, malgré l'état avancé de dégradation que présente le grand volcan du Cantal, le temps qui nous sépare de sa dernière éruption n'est peut-être pas aussi long que certaines périodes de tranquilité qui ont séparé quelques-uns des paroxysmes dont il a été le théâtre. Les trépidations du sol, les émissions gazeuses, les innombrables sources minérales et thermales, la formation de dépôts d'arragonite, de calcaire, d'oxyde de fer, qui se manifestent dans ce district, sont autant de symptômes qui semblent nous avertir que la lave ardente est prête, au premier ébranlement violent, à regagner les anciens soupiraux, ou à se frayer de nouvelles issues parmi toutes ces ruines dont la surface est actuellement recouverte d'une si brillante végétation. »

PALÉONTOLOGIE HUMAINE

DU CANTAL.

Période Paléolithique ou de la pierre taillée : Age du Grand Ours des cavernes et du Mammouth ; Age du Renne. — Pendant que l'hémisphère boréal était pour la seconde fois envahi par les frimas, nous voyons l'Homme — déjà très ancien sur la Terre — errant au pied du Cantal en même temps que le Grand Ours des cavernes, l'Éléphant Mammouth et le Renne.

Le noble sauvage ne pouvait vivre au milieu des froides steppes qui s'ouvraient partout devant lui, qu'à la condition d'attacher ses pas aux pas des troupeaux de bêtes fauves qui devaient lui fournir sa subsistance et ses vêtements. Il s'embusquait pour surprendre la horde de Rennes au moment où elle pénétrait dans les vallées pour y paître les lichens, les mousses et les vigoureuses plantes septentrionales qui formaient cortége aux glaciers ; toujours en poursuite, il suivait les sentiers tracés par son gibier de prédilection, et il était ainsi entraîné à chasser et à camper jusque sur les plateaux basaltiques qui, même en été, étaient constamment couverts de neige. Et si le Mammouth, ce géant de la période Glaciaire, se dérobait dans quelque vallon écarté, il l'épiait, il osait l'insulter de ses flèches de pierre, il le harcelait et le faisait tomber sous ses coups. L'Ours des cavernes, qui devait lui fournir sa fourure, l'attirait aussi dans la haute montagne. Un autre butin, une mine inépuisable de silex, matière la plus précieuse de ces temps antiques, attirait aussi aux embouchûres de nos grandes vallées de la Cère et de la Jordanne les chasseurs Eskimaux qui fréquentaient le Nord-Ouest et le Sud-Ouest du Cantal, ils y accouraient en foule pour renouveler l'indispensable provision de silex avec lequel ils façonnaient leurs haches, leurs lances, leurs couteaux et leurs pointes de traits et de flèches.

Pour quiconque a suivi les progrès des études préhistoriques, la vérité des faits que je viens d'énoncer est complètement démontrée par les armes et autres instruments en silex taillé que j'ai pu recueillir çà et là dans la région que j'explore. Voici mes preuves : les plateaux des environs de Carlat et ceux du Dat-Soubeyrols m'ont fourni la hache de silex lancéolée-courte (type de St Acheul), des disques taillés à grands éclats (type de Clermont-sur-Ariége), des couteaux grossiers, des racloirs (identiques à ceux du Moustier) et de nombreux petits éclats ou pointes de flèches. Sur les côteaux des environs d'Aurillac, j'ai fréquemment rencontré les mêmes objets se rapportant aux mêmes types. Enfin, les puissants dépôts de sable et de cailloux roulés en partie stratifiés (V) que formèrent les eaux torrentielles résultant du retrait partiel des glaciers de la seconde période, m'ont fourni, à la grande sablière d'Arpajon et aux terrasses de Brouzac (vallées de la Cère et de la Jordanne), des haches ovales allongées (type allongé des hauts niveaux de la Somme), de longs et robustes racloirs, des éclats et des coins grossiers. Ces mêmes alluvions tumultueuses renferment aussi des débris d'os énormes, roulés comme des cailloux, et qui n'ont pu appartenir qu'au gigantesque Mammouth.

Fin de l'Age du Mammouth et du Renne sous nos climats. — Aussitôt que l'air et le sol commencèrent à se réchauffer, la végétation Glaciaire ne put subsister que sur les sommets et dans quelques tourbières des plateaux ; partout elle abandonna les plaines pour se réfugier rapidement dans les contrées du Nord d'où elle était venue. Les plantes Asiatiques, suivies par toute une faune nouvelle, arrivaient par milliers pour repeupler les basses terres et pour cacher les alluvions et les terres écorchées et détrempées, que les glaciers venaient d'abandonner.

Mais au milieu de tous ces profonds changements

climatériques, quel allait être le sort des troupeaux sauvages de grands herbivores auxquels était appendue la vie de l'Homme dans l'Europe centrale et occidentale? Le Mammouth succomba en masse devant les nouvelles conditions d'existence qui n'étaient plus conformes à son organisation, et sa race décimée émigra vers les régions boréales en formant comme une arrière-garde aux champs de neige, au silence glacial et aux mornes horizons qui fuyaient devant la résurrection des beaux jours, de la vie et du mouvement. Ces colosses, arrivés sur les bords de la Mer glaciale, y campèrent quelque temps, ils tâtèrent de leur pied massif toutes les plages, ils parcoururent tout le labyrinthe des terres arctiques ; mais ils trouvèrent trop rétréci le vaste empire de mort auquel ils étaient habitués ; leur œil intelligent sonda le vide, ils languirent et succombèrent. Le Renne essaya de résister au changement de climat; on eût pu croire un moment qu'il allait à lui seul prendre possession des immenses savanes Européennes débarrassées de leur linceuil mortuaire et abandonnées par le Mammouth. Mais un jour vint où, pas plus que son terrible concurrent, il ne put tenir devant les conditions insolites qui lui étaient faites par les saisons nouvelles; alors, ses instincts de migration furent exaltés — il accomplissait déjà une double migration annuelle, — des hennissements de rappel et de regret remplirent l'air, d'innombrables troupeaux s'assemblèrent, s'ébranlèrent et prirent le chemin des régions hyperboréennes. Infatigables, ils arrivèrent au séjour des frimas. Les immenses steppes glacées leur offrirent l'hospitalité, les solitudes et la pâture qu'ils cherchaient; ils purent reprendre leurs anciennes habitudes, et ils se fixèrent dans les domaines de l'hiver Sibérien. Quant au Grand Ours, il fut frappé longtemps avant ses compagnons; son aire d'expansion fut rapidement rongée du Sud vers le Nord dès que la température commença à s'élever.

Et en Europe, l'Homme fut ainsi jeté presque subitement dans un abîme de misère et de désolation; il s'agissait pour lui ou de périr de faim, ou de changer brusquement son genre de vie, ou d'émigrer à la suite du Renne qui était pour lui tout un monde. Si un écho de ces anciens temps arrivait jusqu'à nous, il nous apporterait les rumeurs d'un sinistre concert de plaintes exhalées par des millions d'Hommes au milieu des horreurs de la famine et des plus hideuses scènes d'anthropophagie. Cependant, le premier mouvement de stupeur étant passé, des peuplades se concertèrent, s'unirent dans une même pensée, se mirent en marche, suivirent les larges chemins du Nord-Est, rejoignirent le Renne et l'accompagnèrent dans sa migration jusqu'sur les terres circumpolaires. Ces hordes s'établirent dans ces contrées désolées, comme dans un séjour fortuné; elles y avaient retrouvé le climat, l'abondance et e bonheur qu'elles avaient perdus. Dans ces vastes déserts, le ciel étant toujours resté morne et la nature toujours glacée, inerte, immuable — comme elle était dans nos contrées pendant les âges Glaciaires, — ces peuplades furent immobilisées : leur type, leurs mœurs, leurs usages, leur art et leur industrie ne varièrent pas plus que les milieux qui les environnaient, et, aujourd'hui encore, ces peuplades que nous appelons Lapons, Eskimaux, Tchoutchis, et leur patrie adoptive, sont une image fidèle de ce qu'était notre patrie et de ce qu'étaient ses habitants pendant les longs âges Glaciaires.

Période Néolithique ou de la pierre polie. Avénement des Animaux actuels. — Que devinrent les malheureuses tribus qui n'émigrèrent pas vers le Nord à la poursuite du Renne ? Elles errèrent misérablement, elles luttèrent vigoureusement contre les milieux transformés, elles commencèrent peut-être à utiliser pour leur nourriture les racines, les graines ou les fruits de quelques plantes Asiatiques, elles chassèrent aussi quelques nouvelles proies ; mais ce n'était plus le Renne d'antan avec lequel elles étaient toujours sûres du lendemain ; le Renne parti, il n'y eut plus pour elles que tristesse et angoisses continuelles, et en perdant le bien-être et les loisirs, elles perdirent aussi les lueurs de civilisation qu'elles avaient si

laborieusement acquises ; leurs aspirations artisti-
ques s'éteignirent aussi, seul, l'art de tailler et de
façonner le silex se maintint sans défaillance et fit
même quelques progrès.

Pendant que cette race à tête courte (brachycéphale) subissait en Europe ce mouvement de décadence, une autre race à tête allongée (dolichocéphale), qui avait peuplé le centre de l'Europe au
commencement des temps Quaternaires (elle y
avait même laissé quelques représentants), revint
tout à coup, armée de la hache de pierre polie. Il
y eut entre les maîtres du sol et les envahisseurs
des combats acharnés, suivis de massacres et de
toutes les tristes folies de la guerre. Ces conquérants s'étaient sans doute élancés de quelque
région du Sud de l'Asie, où ils avaient été refoulés
par le froid et l'haleine des mers de glace de la
première période Glaciaire. Ce furent peut-être les
hordes d'Animaux qui allaient reprendre possession de l'Europe renaissante, qui leur en montrè-
rent le chemin. Quand les envahisseurs eurent
achevé leur conquête et asservi les brachycéphales,
ils se mélangèrent et se confondirent avec eux. Les
vaincus adoptèrent pour arme de prédilection la
hache de pierre polie de leurs vainqueurs, et les
uns et les autres portèrent au plus haut point de
perfection l'art de tailler le silex en longs couteaux
aigus et en têtes de flèches aux mille formes.

Chacune de nos landes, chacun de nos plateaux

basaltiques nous redisent cette histoire. Ces lieux
stériles d'où la vue s'étend au loin, ces hautes tables
de basalte nues, à pans coupés à pic, semblables à
de monstrueux sphinx, furent autant de champs de
bataille et de lieux de retranchements naturels où
se livrèrent les grands combats, où s'organisa la
résistance désespérée ; et c'est là aussi que gisent
pêle-mêle les armes paléolithiques et les armes
néolitiques. Tout le sol du Cantal est pour ainsi
dire jonché de haches polies ; elles y sont connues
et citées partout : Veyrac près Aurillac, Yolet,
Boudieu, Thiézac, Carlat, La Chaux, Celles, Feney-
rols, Cabrian, Raulhac, Marmanhac, La Roquevieille, Le Fau, Faussanges, Omps, Siran, Courbières, Pleaux, Mauriac, bords du lac de Bramc-
foux, Marzun, etc., etc. J'ai pu, pendant ces dernières années, en recueillir et en étudier de toutes formes (bombées, plates, allongées, presque carrées, à
tranchant droit, semi-circulaire, parabolique, à
deux tranchants, sans tranchant*), et de substances

* Quatre de ces haches méritent une mention particulière :
la première, en serpentine bleuâtre, offre à la place du tranchant une surface polie comme celles du contour ; elle provient
de Siran. La seconde, en serpentine, est énorme, à deux
tranchants inégaux et très-renflée en son milieu ; elle a été
trouvée à La Roquevieille ; elle appartient au Dr Fleys. La
troisième, en trachyte porphyroïde, a été exhumée, en 1842,
à Faussange près Tournemire ; elle est admirable, très-
lourde, à deux tranchants égaux et percée au milieu pour
recevoir un fort manche ; elle fait partie des collections de la

variées (quartz, jade, diorite, serpentine, jaspe, schiste novaculaire, trachyte porphyroïde, silex).

Celles de ces haches néolithiques qui sont en silex offrent deux types bien tranchés : les unes d'une grande perfection sont entièrement polies sur toute leur surface ; les autres sont taillées à grands éclats et polies seulement sur leur contour et sur leur tranchant qui est finement aiguisé (front de la nappe basaltique du Dat-Soubeyrols, hauts plateaux au-dessus de Thiézac). Ce type, taillé et aiguisé, est-il un type de transition? nous représente-t-il les premières tentatives des vaincus cherchant à s'approprier à la hâte les armes plus parfaites de leurs vainqueurs? ou bien encore, faut-il croire que ce type fut fabriqué par les vainqueurs eux-mêmes dans un moment de presse au milieu du tumulte de la guerre ?

C'est aussi à l'Age de la pierre polie qu'il faut rapporter les admirables têtes de flèche barbelées avec soie et les couteaux étroits et aigus habilement taillés à petits éclats, provenant des environs d'Aurillac et de Carlat et des landes stériles situées entre Vézac, La Chaux et Labrousse.

bibliothèque d'Aurillac. La quatrième, en serpentine, offre en haut une *face humaine* gravée ; elle a été trouvée à Courbières sur les pentes du volcan du Cézallier. Je n'ai pas vu cette dernière hache et j'ignore ce qu'elle est devenue; elle est mentionnée dans l'excellent livre de M. H. Durif, *Guide du voyageur dans le Cantal,* page 250.

Age du bronze. — Un peuple mystérieux, ayant pour armes de lourdes épées en bronze, des poignards, des haches, des lances et quelques têtes de flèches du même métal, se répandit comme un flot et inonda tout l'espace compris entre le Sud de l'Algérie et le Nord de la Scandinavie. Les peuplades néolithiques ne purent tenir un instant devant ces conquérants qui leur étaient si supérieurs par les armes, et sans doute aussi par l'intelligence et la civilisation, et elles furent complètement subjuguées. Il serait actuellement difficile de dire si cette grande invasion vint du Nord ou du Midi ; on dirait que deux races, l'une brachycéphale, l'autre dolichocéphale, marchaient côte à côte ; peut-être y a-t-il eu deux invasions séparées par un grand laps de temps?

Quoi qu'il en soit, le Cantal fut visité et peut-être longtemps habité par ces conquérants. Leurs splendides épées et leurs poignards forment comme une traînée, du Nord-Ouest au Sud-Est, passant par Ydes, Menet, Aliès, le bois Mary et Coren.*. Leurs

---

* Les épées de bronze trouvées dans le Cantal diffèrent beaucoup entre elles pour les formes et les dimensions. Une fente de rocher, près d'Aliès, m'en a fourni trois de magnifiques et toutes trois se rapportant à des types très différents; l'une d'elles, à longues antennes recourbées, est la mieux conservée de toutes celles qui me sont connues, et je doute qu'il en existe de plus élégante. Je ne connais que deux poignards; l'un, à forte poignée et à large lame, est identique à ceux du Danemarck; l'autre est à lame très étroite et très aiguë; ils proviennent des tumuli des environs d'Ydes.

haches sont éparpillées çà et là (Leybros, Drulh,
Ydes, Montchamp, Malbo, etc.). Leurs bracelets
ont été rencontrés : dans les tumuli d'Ydes et de
la ferme de Vic, où ils sont petits, plats ou bombés,
ouverts ou fermés et surchargés d'ornements ; dans
les tumuli de Saint-Cernin, où ils sont aussi de faibles dimensions et de types divers; dans le ravin
du bois de la Margide, près Saint-Gérons, où l'on
a pu en recueillir dix-sept de formes très diver-
sifiées, lourds ou légers, lisses, ciselés, dentelés,
et tous, par leurs petites dimensions, tout à fait en
rapport avec l'extrême petitesse des poignées d'é-
pées et de poignards du même âge *.

* Les monuments préhistoriques, tumuli, dolmens, grandes pierres-fichées, bourgades bâties à pierres sèches, sont
très-nombreux dans le Cantal. Je les ai figurés et distingués
par des signes particuliers sur ma carte géologique, mais je
n'ai pas eu le loisir de les fouiller. Je ne puis donc dire encore si les dolmens du Cantal appartiennent à l'Age de la
pierre polie ou à l'Age du bronze; pour la même raison je ne
sais à quel âge rapporter nos pierres-fichées qui jouent un
rôle important et sont toujours dans les mêmes districts que
les dolmens; quant aux tumuli, ceux que j'ai pu étudier
m'ont prouvé que ceux de l'Age du bronze sont quelquefois
dans le voisinage de ceux du premier Age du fer et même
de ceux des temps Mérovingiens. Presque tous les dolmens
ont été détruits ou renversés (St-Paul-des-Landes etc.), mais
aucun n'a été fouillé; ceux qui sont restés intacts se voient au
bois de la Margide, à Peyrelade, à Anglards, à Beaugeret,
aux Ternes, à Lavastrie, etc. Les grandes pierres-fichées sont
encore debout à la Peyra-Ficade, à Laroussille, à Mainte-
rolles, à Freyssinet, etc. Les tumuli sont répandus à profusion
sur les plateaux d'Aurillac (Age du bronze; temps Mérovin-

Premier Age du fer. — Les peuples de l'Age du bronze dont les petites mains maniaient de si lourdes et si admirables épées, furent à leur tour vaincus et supplantés par des Hommes aux larges mains qui apportaient en Europe le fer et l'industrie. Ces nouveaux venus, lointains avant-coureurs des Gaulois, ont laissé dans le Cantal de nombreuses traces de leur passage et de leur séjour ; çà et là gisent leurs grandes épées, leurs poignards et leurs lances en fer forgé et aussi leurs pointes de flèches en silex, car l'usage des couteaux et des têtes de flèches en silex s'était transmis d'âge en âge jusqu'à cette quatrième étape de l'humanité...... Mais j'arrive sur le seuil de l'histoire, et là, le géologue doit s'arrêter.

giens : angon, kramasax), de St-Cernin (Age du bronze : bracelets), des Huttes, de Trin (premier Age du fer : épée), du Dat-Soubeyrols, de Crouzy, d'Albo, de Bourraine, de Laschamp, du bois de Peyrassé, de Chastel-Marlhac, de Murat-l'Arabe, d'Ydes (Age du bronze : petite dague identique à celles du Danemarck, lame de poignard étroite et aiguë, têtes de flèches en silex), de Mauriac (Age du bronze : fond de fourreau à larges ailes ; premier Age du fer : grande épée, tête de flèche en silex), etc. Les bourgades bâties à pierres-sèches sont très-remarquables ; les plus importantes sont celles du ruisseau de Marlhou, du territoire d'Arches, du bois des Courdous, entres Celles et La Chaux ; cette dernière gît au milieu d'un effroyable chaos de blocs de basalte ; les tumuli du plateau du Dat-Soubeyrols nous représentent sans doute son cimetière.

DEUXIÈME PARTIE.

REVUE

HISTORIQUE ET CRITIQUE

des travaux publiés sur la géologie du Cantal.

Pour compléter notre étude sur la géogénie du Cantal, nous devons jeter un coup-d'œil rapide sur les travaux des savants qui ont écrit sur la géologie de ce district si intéressant et cependant presque inconnu des géologues actuels.

1664 : L'abbé L. Coulon *, dans sa carte minéralogique de la France , figure grossièrement le pla-

---

* *Les rivières de France, ou description géographique et historique des cours et débordements des rivières, avec une carte minéralogique*, par l'abbé L. Coulon, 1664.

teau central et le représente comme étant entièrement formé de terrain Primitif. Pendant près d'un siècle le monde savant n'eut pas plus que Coulon l'idée de la présence des volcans éteints en Auvergne.

1751 : Guettard * annonce, dans un excellent mémoire, que les montagnes de l'Auvergne sont d'anciens volcans. En 1759, il publie un nouveau mémoire ** accompagné d'une carte très remarquable, comprenant tout le pays entre Aurillac, Vichy et le Puy-en-Velay, avec l'indication des principales montagnes volcaniques et 22 signes conventionnels pour désigner les diverses roches, pierres et minéraux, et leurs gisements, ainsi que les sources thermales, etc. Les derniers travaux de ce savant attirèrent l'attention des géologues sur l'Auvergne et quelques-uns vinrent explorer le Cantal ***.

* *Mémoire sur quelques montagnes de la France, qui ont été des volcans*, par Guettard. 1751. *Mémoires de l'Académie royale des Sciences* pour 1752, p. 27 (publiés en 1756).

** *Mémoire sur la minéralogie de l'Auvergne,* par Guettard, 1759. [*Mém. de l'Ac. roy. des Sc.*, année 1759, p. 538 (imprimé en 1765).

*** Dans la notion des volcans éteints, comme dans l'idée de l'extension des anciens glaciers, l'imagination populaire a de beaucoup devancé les découvertes des savants; ainsi, dans le Cantal, les noms anciens de Puy-de-Peyre-Arse, Fours-de-Peyre-Arse, appliqués à une montagne et à une

1769 : Desmarest[*] visite le basalte des plateaux qu'il regarde comme ayant été formé sous les eaux de la Mer ; il donne une idée du grand développement de cette roche et, de plus, il fait connaître les filons d'obsidienne des Chazes, les conglomérats de la vallée de la Cère, l'argile bariolée et la formation calcaire du bassin d'Aurillac, mais il commet la faute de regarder ces deux terrains stratifiés comme étant postérieurs au basalte.

1772 : Monnet[**], dans son *Quatrième voyage minéralogique en Auvergne*, observe et reconnaît la singulière bande de terrain Houiller (A) qui traverse l'Ouest du département ; il étudie ensuite attentivement le calcaire des environs d'Aurillac ; il s'intéresse vivement aux coquilles fossiles, et, en 1794, il avance hardiment que ce calcaire a été déposé par des eaux douces[***].

longue crête formées l'une et l'autre de trachyte scoriacé, nous disent assez que, bien avant Guettard, le vulgaire regardait ces districts comme ayant subi l'action du feu.

[*] *Mémoire sur l'origine du basalte*, par Desmarest, 1769. *Mémoire de l'Académie des Sciences*, années 1771, p. 705 et année 1773, p. 599.

[**] *Quatrième voyage minéralogique fait en Auvergne*, par Monnet, 1772. *Observations sur la Physique*, Tom. 33, p. 321. Nov. 1788.

[***] *Histoire d'un voyage politique et minéralogique fait dans les départements du Puy-de-Dôme et de la Haute-Loire, en Nov. et Déc. 1791*, par Monnet, *Manuscrits autog. de la bib. de l'Ecole des Mines*, p, 220.

1796 : Dolomieu * publie les observations qu'il fit, en 1795, sur le basalte et sur le mode de formation des vallées ; mais ses observations ayant le plus souvent porté à faux, il laissa la géologie du Cantal au même point que ses devanciers.

1803 : D'Aubuisson ** prouve que les roches porphyroïdes (trachyte (L) en coulées), jusqu'alors appelées *granite brûlé*, sont des produits volcaniques ; en outre, il décrit soigneusement la phonolite (M) et il établit qu'elle est postérieure au trachyte (L).

1802 et 1804 : L'abbé Lacoste de Plaisance *** visite pied à pied une partie du Cantal, il observe beaucoup plus de faits que ses prédécesseurs, mais, à chaque pas, il s'égare dans des dissertations tellement grotesques que, le plus souvent, il oublie

* *Rapport fait à l'Institut national*, par Dolomieu, sur ses voyages de l'an V et VI. *Journal de physique, de chimie et d'histoire naturelle*, Prairial an VI, Tom. III, p. 401. *Journal des Mines*, N°s 41 et 42, Tom. VII, an VI.

** *Mémoire sur les volcans et les basaltes de l'Auvergne*, par J.-F. D'Aubuisson, 1803. *Journal de physique, de chimie et d'histoire naturelle*, Tom. LVIII an XII, p. 310 ; Tom. LIX, an XIII, p. 367 ; Tom. LXXXVII, 1819, p. 432.

*** *Observations sur les volcans de l'Auvergne etc.*, par l'abbé Lacoste de Plaisance, 1 vol. in-8. Clermont-Ferrand, an XI.

Lettres minéralogiques et géologiques sur les volcans d'Auvergne, par l'abbé Lacoste de Plaisance, 1 vol. in-8. Clermont-Ferrand, 1805.

lui-même son point de départ et le but de ses observations. Le premier, il signale, sans s'en douter, plusieurs gisements intéressants ou remarquables, entre autres ceux des Végétaux fossiles (1) dans le terrain volcanique du Puy-d'Orcet et des vallées de la Rue, de l'Allagnon et de la Maronne ; mais, à tous les points de vue, la plus profonde confusion règne dans son esprit.

1809 : Alexandre Brongniart [*] visite les dépôts marno-siliceux (D') et calcaires (D'') du bassin d'Aurillac ; il étudie sérieusement les coquilles fossiles et il en détermine quelques unes : *Planorbis cornu, Potamides Lamarckii* etc. ; il les regarde comme analogues à celles qui vivent encore dans les eaux douces, et il déclare, comme l'avait fait Monnet, que les assises qui les renferment sont lacustres ou fluviatiles ; en outre, il compare ces fossiles à ceux des dépôts semblables qu'il connaissait ailleurs, et il assigne aux marnes et aux calcaires coquilliers d'Aurillac leur véritable place dans le terrain Tertiaire.

1815 : Cordier [*] caractérise et définit de main

[*] *Mémoire sur les terrains qui paraissent avoir été formés sous l'eau douce, par Al. Brongniart. Annales du Muséum d'histoire naturelle, Tom. XV, année 1810, p. 357.*

[**] *Mémoire sur les substances dites en masse, qui entrent dans la composition des roches volcaniques de tous les âges, par P.-L.-A. Cordier. Lu à l'Acad. roy. des Sc., dans les séances des 16 et 30 Oct., et 6 Nov. 1815, p. 457.*

de maître la plupart des roches volcaniques du Cantal.

1821 et 1826 : Daubeny * consacre quelques pages aux terrains volcaniques de notre district, mais sans rien dire de nouveau, et, en 1848, il rééditera ses anciennes erreurs.

1823 : Steininger ** fait quelques bonnes et larges observations ; entre autres choses, il remarque que le Cantal est « une montagne de conglomérat et de tuf » et que les autres roches éruptives qui entrent dans sa structure ne jouent qu'un rôle insignifiant ; il s'occupe aussi du terrain Tertiaire et vérifie son étendue ; il remarque et décrit les lambeaux calcaires empâtés dans le tuf ponceux des vallées de la Cère et de l'Allagnon ***.

* *Letters to professor Jameson on the volcanos of Auvergne, by Daubeny*, Oxford, 1821 (2 letters). *A description of actif and extinct volcanos, etc.*, by Daubeny. London 1826. 1 vol. in-8, p. 31 et suiv., 2ⁿ édition 1848.

** *Die erloschenen Vulcane in süd Franriech Mainz*, 1823 1 vol. in-8.

*** Depuis Steininger, tous les géologues qui ont écrit sur le Cantal, ont parlé des grands lambeaux de couches calcaires (d) qui sont enclavés dans le tuf ponceux de la vallée de la Cère et de l'Allagnon, le long de la route d'Aurillac à Murat. Ces lambeaux, arrachés lors de la formation du cratère, ont marché avec les coulées de tuf ponceux qui les entrainaient ; ils sont presque tous fort éloignés de leur premier gisement et, presque toûjours, ils sont situés bien au-dessus des couches calcaires horizontales qui supportent le tuf ponceux.

1825 : Poulett Scrope *, dans ses premiers travaux sur la géologie et les volcans éteints de la France centrale, émet des idées très justes sur le mode de formation du Cantal ; il n'entre dans aucun détail, mais il prouve nettement que cette montagne n'est que la charpente d'un grand volcan démantelé qui s'était formé par l'accumulation naturelle du conglomérat, du trachyte et du basalte, près et loin du cratère. D'un autre côté, il n'a aucune idée de l'âge relatif des divers basaltes et il a le tort d'observer avec une froide indifférence les Végétaux fossiles ; je ne veux pas dire qu'il aurait pu les uti-

Partout où l'on aperçoit de vastes surfaces de tuf ponceux, l'on voit plusieurs de ces lambeaux calcaires de toutes dimensions. Les grands filons de basalte et de trachyte ont aussi parfois soulevé entre leurs bras puissants d'énormes masses du terrain Tertiaire et les ont portées d'un coup bien au-dessus de leur gisement primitif ; tel est, près d'Aurillac, l'immense lambeau calcaire de plus de 500 mètres de long qui, à partir de la Moussétie jusqu'à Mazic, a été arraché par les ramifications d'un puissant filons de trachyte et porté à plus de 50 mètres au dessus de son gisement. Ces faits, pas plus que ceux de La Veissière, dans la vallée de l'Allagnon, ne peuvent servir la cause des partisans du soulèvement général du Cantal, qui n'ont cependant pas manqué de les invoquer à l'appui de leur théorie erronée et alors même qu'ils voyaient ces lambeaux plonger en sens inverse du prétendu soulèvement central.

* *Considerations on volcanos*, etc., by G. Poulett Scrope, 1 vol. in-8. London, 1825.

Memoir on the geology of central France including the volcanic formations of Auvergne, etc., by G. Poulett Scrope. London, 1827. 1 vol. in-4° et atlas.

liser pour déterminer l'âge du volcan, car, à l'époque où il écrivait, la paléontologie végétale était encore à l'état embryonnaire et il eut été fort en avant de son temps s'il avait même pressenti toute leur importance, mais il aurait pu en parler avec enthousiasme et éveiller ainsi l'attention et la curiosité des observateurs. Notons aussi que cet auteur, auquel la science des volcans est redevable de tant de progrès, confondit souvent, dans le Cantal, le trachyte, le basalte et la phonolite ; ainsi, par exemple, il cite le Plomb, le Col-de-Cabre, le Puy-Mary, le Puy-Violent, comme étant formés par de la phonolite ; enfin, dans son magnifique ouvrage, il parle très succinctement des terrains d'eau douce. Nous aurons bientôt (1858 à 1864) l'occasion de nous occuper de ses travaux ultérieurs.

1828 : Dufrénoy * étudie le calcaire cristallin (b) enclavé dans le gneiss et le micachiste du Nord-Ouest du département, et il indique sa direction Nord-Sud.

1829 : Lyell et Murchison ** étudient les terrains Tertiaires d'Aurillac, de La Veissière, de Mauriac, de Raulhac etc. ; ils décrivent fidèlement, et d'une

---

* *Annales des Mines*, première livraison. 1828, p. 59.

** *Sur les dépôts lacustres du Cantal et leurs rapports avec les roches primordiales et volcaniques*, par Ch. Lyell et R. Murchison. (Extrait des *Annales des Sciences naturelles*, Oct. 1829. Avec deux planches).

manière très détaillée, l'argile rouge (C), les marnes vertes (D), les couches marno-siliceuses (D') et les assises calcaires (D") ; ils visitent tous les gisements fossilifères alors connus et ils dressent une liste des fossiles, laquelle, malgré ses imperfections, leur sert à comparer l'horizon de la formation lacustre d'Aurillac à d'autres horizons Tertiaires qu'ils avaient déjà étudiées ; enfin ils indiquent clairement le basalte (E) qui recouvre en partie le calcaire du bassin d'Aurillac. Pour ce qui est de la masse des terrains volcaniques, ils s'en rapportent à ce qu'a dit Poulett Scrope. Les coupes géologiques qui accompagnent leur monographie sont fautives et même détestables.

1832 : M. Bouillet *, dans ses premières courses dans le Cantal, découvre près du Plomb « des couches de sable et de gravier » fortement inclinées et d'une épaisseur considérable, mais il ne sait à quel phénomène attribuer leur présence en ce haut lieu. Or, ces couches ne sont autre chose qu'un des grands lambeaux du cône d'éruption (S) qui devait être si longtemps méconnu, non-seulement par M. Bouillet lui-même, mais aussi par ses successeurs. Nous trouverons tout à l'heure un autre travail plus complet de cet auteur érudit et consciencieux.

---

* *Itinéraire minéralogique et historique de Clermont-Ferrand à Aurillac, etc.*, par J.-B. Bouillet. Clermont-Ferrand, 1832.

1833 : M. Amédée Burat * décrit toutes les roches volcaniques du Cantal et leurs principales variétés ; il indique avec une rare précision leurs gisements en masse et leurs principaux filons ; il s'aperçoit que le basalte porphyroïde (H) est antérieur au basalte des plateaux, et il constate aussi que le basalte (E) qui repose sur le terrain Tertiaire est recouvert par le tuf et le conglomérat ; il cite les empreintes Végétales des cinérites (I), mais il dit à la légère qu'elles sont indéterminables, et il passe outre ; enfin, il trouve la ligne de stratification entre la phonolite et les roches qui la supportent, et il prouve qu'elle est antérieure au basalte (Q) des plateaux ; enfin, il remarque, comme l'avait déjà fait M. Bouillet, entre le Plomb et le Cantalon, les assises de sable volcanique, de lapilli et de fragments roulés, il est frappé de leur inclinaison beaucoup plus forte que celle des pentes du volcan, mais ces immenses corniches soudées, soit sur le trachyte (L), soit sur le conglomérat (K), ne sont pour lui qu'un sujet d'étonnement, l'idée ne lui vient pas de les attribuer aux débris du cône d'éruption (S) ; cependant en cet endroit l'on voit que le cône d'éruption a été égeulé pour livrer passage aux formidables coulées de basalte de la Planèze. On n'est pas peu surpris que ce savant, après avoir si bien étudié l'ensemble des roches volcani-

* *Description des terrains volcaniques de la France centrale*, par Amédée Burat. Avec dix planches. Paris, 1833.

ques, ait donné en plein dans la bizarre hypothèse des « cratères de soulèvement. »

1833 : Dufrénoy et Elie de Beaumont [*] viennent au Cantal pour enrayer dans ce pays les progrès de la géologie. A vrai dire, toutes leurs observations sont moins justes que celles de leurs devanciers dont ils regardent trop souvent les travaux comme non avenus. Il est facile de voir que ces deux grands géologues sont entièrement préoccupés et dominés par l'idée de devenir les apôtres de la théorie anti-scientifique des « cratères de soulèvement », et, en effet, ils sacrifient tout dans ce but. Chose étrange, ces deux éminents ingénieurs se trompent sur les altitudes de presque tous les points qu'ils visitent, et, dans les niveaux qu'ils établissent, ils se laissent uniquement guider par des illusions d'optique. Ainsi, par exemple, ils disent que les calcaires du Nord-Ouest, de l'Ouest et du Sud, qui forment le piédestal du volcan, sont bombés sous le volcan par l'effet du soulèvement; mais il n'en est rien, ces calcaires sont au contraire inclinés de toute part jusqu'au cœur du volcan et les premières éruptions de roches volcaniques ont été obligées de combler le fond de la déclivité avant

* *Mémoire sur les groupes du Cantal et du Mont-Dore et sur les soulèvements auxquels ces montagnes doivent leur relief actuel,* par Dufrénoy et Elie de Beaumont. Avec deux cartes. (Extrait des *Annales des Mines,* IIIe série, Tom. III, 1833).

de s'étendre sur le calcaire de la périphérie et de le dominer. Ce seul fait bien observé les eût forcés à changer immédiatement le nom de la théorie qu'ils affectionnaient en celui diamétralement opposé de de : théorie des « cratères d'affaissement ». Et telle est la vérité. La zône des Végétaux fossiles (I) intéresse si peu ces deux savants qu'ils ne daignent pas même la visiter, quoiqu'elle leur soit signalée comme une grande curiosité ; nul doute que, ravis à l'aspect de cette splendide forêt ensevelie à la façon de Pompéi, ils n'eussent été convaincus que jamais cette belle végétation n'avait ombragé les bords de l'Orcus d'où un soulèvement l'aurait exhumée ; voici la seule conclusion qu'ils en tirent : « une charge de ce combustible a été descendue à Mandailles et brûlée par un maréchal ». Ils s'assurent que la butte du Plomb n'est qu'un lambeau de basalte ayant jadis fait partie de l'immense nappe qui recouvre la Planèze, rien de mieux ; mais comment se fait-il qu'ils n'aient pas aperçu les vastes débris du cône d'éruption (S) égueulé par la sortie de ce basalte ? ils se contentent de citer, à son endroit, les observations de Bouillet et celles d'Amédée Burat, et, après cette citation, ils tentent de faire un rapprochement doublement erroné entre ces lambeaux (S) et les cinérites à empreintes Végétales (I) qui en sont séparées par une épaisseur d'au moins 858 mètres de conglomérat trachytique ! Pour eux, il est presque évident que les coulées de

trachyte (L) et celles de conglomérat trachytique
(K) sont comtemporaines, mais alors comment se
serait produite l'affreuse dénudation qui existe entre
ces deux sortes de coulées? Ils supposent que les
petites coulées de phonolite (M) qui constituent les
puys de Griou, de Griounnaux et de l'Usclade, ont
soulevé tout le Cantal; soit, mais comment cette
éruption de phonolite (M) qui est antérieure au
manteau basaltique (Q), aurait-elle pu soulever ce
manteau (Q) qui n'existait pas encore? Ils affirment
que le basalte est « toujours » supérieur au trachyte; une course dans le bassin d'Aurillac leur
eût prouvé le contraire, et pourquoi méconnaître
ou rejeter sans les avoir vérifiées les belles observations de Lyell, de Murchison et d'A. Burat. En
somme chaque proposition du mémoire de Dufrénoy et E. de Beaumont consacre une erreur grave;
quant aux savants calculs qui l'accompagnent, ils
n'ont de fondé que leur sévère élégance et leur
nature idéale, et ils servent à nous prouver que le
génie conserve toujours sa splendeur même dans
ses égarements.

La carte géologique du Cantal que ces deux illus-
tres savants ont dressée pour l'intercaler dans leur
admirable et monumentale carte de France, * ne

* *Carte géologique de la France*, exécutée sous la direction
de M. Brochant de Villiers, inspecteur général des Mines,
par MM. Dufrénoy et Elie de Beaumont, ingénieurs des Mines etc . publiée en 1841.

donne que quelques traits de la structure géologique du département; cependant si les altitudes étaient marquées dans le fond des vallées sur les points d'affleurements des terrains Primitif et Tertiaire et sur ces mêmes terrains dans le pourtour des roches volcaniques, l'impossibilité du soulèvement serait démontrée et l'affaissement du piédestal sous le volcan serait rendue évidente. Il faut remarquer que c'est sur cette carte que les vastes champs de cailloux roulés et de blocs erratiques qui gisent dans l'immense vallée qui sépare le Cantal du Mont-Dore, se trouvent signalés pour la première fois mais rapportés à tort au terrain Pliocène.

1834 : A. Desgenevez[*] fait, en compagnie de M. de Verneuil, l'éminent géologue, une longue excursion dans notre district (1833), et il consigne dans un remarquable mémoire les résultats de ses observations. Il étudie d'abord avec soin la topographie et l'orographie du volcan, puis il cherche à se faire une idée exacte de l'importance relative et des rapports géognostiques de l'anneau trachytique (L), des coulées de phonolite (M) et du basalte des plateaux (Q). Fort de ces divers éléments qu'il a parfaitement compris, il sape la théorie des « cratères de soulèvement » et détruit un à un tous les argu-

[*] *Observations sur le Cantal, les Monts-Dore et la composition des roches volcaniques*, par M. Desgenevez. *Avec une coupe coloriée et une vue. Mémoires de la Société géologique de France*, Tom. 1, IIe partie, 1834.

ments de Dufrénoy et E. de Beaumont. Pressentant peut-être ce que lui vaudra cette témérité, il dit dans ses préliminaires : « Ce mémoire sera donc à la fois descriptif et critique, et si cette discussion, où j'aurai contre moi, nouveau venu dans la science, l'autorité de noms justement célèbres, ne fait point passer ma conviction dans l'esprit des géologues qui me liront, mon travail n'en conservera pas moins, je l'espère, quelque utilité sous le rapport des faits et des détails ». Eh bien! telles étaient l'influence, l'autorité et la fascination exercées par les travaux herculéens de Dufrénoy et d'Élie de Beaumont, que les faits, les détails et la belle partie graphique que Desgenevez espérait voir fructifier, furent frappés de stérilité, et son intéressant mémoire, mis hors la loi, passa presque inaperçu, presque dédaigné, et peu de temps après sa publication, il fut oublié des géologues. Cependant ce savant ingénieur, soit dans le texte, soit dans la belle coupe coloriée, redresse les erreurs des cartes géologiques de ses adversaires ; il leur montre le trachyte (L) répandu en coulées sur le conglomérat (K), la phonolite (M) reposant, tantôt sur le trachyte (L), tantôt sur le conglomérat (K), et, enfin, le basalte en filon dans la phonolite du Roc-d'Ouzières. Le premier, il démontre que les énormes lambeaux calcaires *(d)* de La Veissière sont inclinés de 24° et plongent au Nord-Ouest, c'est-à-dire en sens inverse du soulèvement présumé, et il prouve que, si ces lambeaux Tertiaires gisent aux altitudes de 991 et 1 007 mètres, c'est qu'ils ont été soulevés localement par des wackes basaltiques (E) accompagnées d'une brèche rouge empâtant de gros fragments de calcaire.

Desgenevez confond sous la singulière dénomination de *trachyte ancien* : le tuf ponceux (G), la cinérite à empreintes Végétales (I) et le conglomérat trachytique (K), et il attribue l'origine de tout cet ensemble à une seule éruption. La trop grande importance qu'il accorde aux différences d'aspect et de composition des roches, l'entraînent à voir deux éruptions trachytiques, une pour le trachyte des filons, l'autre pour celui des grandes coulées, et deux éruptions basaltiques, une pour le basalte des filons, qu'il appelle basalte ancien, et l'autre pour le basalte des plateaux ; mais chacun sait que les filons et les coulées de ces roches présentent les variétés les plus opposées lorsqu'on les observe sur un long trajet ou sur de vastes étendues. Trop souvent il néglige les travaux de ses prédécesseurs : ainsi, c'est par hasard qu'il rencontre la zône des Végétaux fossiles (I) à la Peyre-del-Cros et au Puy-Violent, gisements curieux, signalés par Lacoste de Plaisance et A. Burat. Il n'a aucune idée des âges relatifs des basaltes (E, H, Q), cependant, non-seulement il cite l'ouvrage d'A. Burat qui avait un peu entrevu cette question, mais il avait lui-même étudié les

wackes de La Veissière, qui auraient dû le mettre
sur la voie. Enfin, il ne parle même pas des débris
du cône d'éruption (S), cités par Bouillet, A. Burat,
Dufrénoy et E. de Beaumont; la restauration idéale
de ce cône l'eût tiré d'un grand embarras, car il
disserte longuement pour expliquer la sortie et
l'épanchement des roches fondues hors d'un cratère ayant aujourd'hui deux lieues et demie de diamètre.

1834 : Montlozier *, dans une brochure où il parle
le moins possible du Cantal, croit attaquer la théorie
des « cratères de soulèvement »; mais avait-il bien
compris ce que voulaient dire Dufrénoy et E. de
Beaumont? Il cherche à accabler ses adversaires
— ou, pour mieux dire, son adversaire, car il ne
prend à partie que E. de Beaumont — sous un
déluge de citations hétérogènes qui n'ont aucun
rapport avec le travail des deux savants géologues.
Assurément, depuis 1802, l'auteur du remarquable
Essai sur la théorie des volcans d'Auvergne ne
s'était pas tenu au courant des progrès de la géologie.

1834 : M. Bouillet ** publie son second ouvrage

---

* *Du Cantal, du basalte et des anciennes révolutions de
la Terre, en réponse à un nouvel écrit de M. E. de Beaumont,* par M. le comte de Montlozier. (Extrait des *Annales
scientifiques de l'Auvergne*, 1834).

** *Description historique et scientifique de la Haute-Auvergne (département du Cantal),* accompagnée d'un atlas de

sur la Haute-Auvergne, avec coupes et vues géologiques. Aucun fait important ne lui échappe: le premier, il fait connaître les alluvions (F) à *Dinothe-*
rium giganteum Kaup, alluvions déjà connues do
MM. Mailhes et Dubuisson; il visite presque toutes
les localités où la cinérite (I) renferme, soit des
empreintes Végétales, soit des troncs d'arbres; il
est vivement intrigué par cette belle forêt ensevelie
sous de puissantes masses de produits volcaniques,
et, pour que ceux qui viendront après lui puissent
partager des émotions d'un ordre si élevé, il indique soigneusement les principaux gisements. Il
visite une seconde fois les couches inclinées de
sable volcanique, de lapilli, de scories et de cailloux roulés (S) qu'il découvrit en 1832 entre le
Plomb et le Cantalon, et comme il ne peut encore
se faire une juste idée de leur nature et de leur posi-
tion, il les recommande vivement à l'attention et
aux méditations des géologues. Il observe, çà et là,
les cailloux roulés (P) qui gisent sous le manteau
basaltique (Q); il décrit aussi quelques amas de
terrain de transport des plateaux (T, U), et il invite
les géologues à s'occuper de ces intéressants dépôts; il cite souvent « les blocs erratiques », il
indique même, avec une étonnante sûreté de coup-
d'œil, à quels gisements ils ont été arrachés, mais il

35 *planches gravées ou lithographiées,* par J.-B. Bouillet.
Paris, 1834, 2 vol. in-8°.

ne cherche pas à remonter à la cause qui les a transportés ; il ne fait aucune allusion, soit au Diluvium, soit aux glaciers, et il ne prononce même pas ces mots dans tout le cours de son ouvrage. Chaque fois que l'occasion s'en présente, il attaque de front la théorie des « cratères de soulèvement » qui ne peut résister un instant devant sa connaissance approfondie de tout le Cantal.

Il est fort à regretter que ce livre ait été rédigé sous forme d'itinéraire ; cette disposition en exclut la méthode, et aucun essai de synthèse ne vient couronner cette longue analyse oscillante. La partie graphique la plus importante consiste en une carte où tous les pics trachytiques, phonolitiques et basaltiques sont distingués par des teintes différentes. Les dents de *Dinotherium* et toutes les coquilles fossiles sont décrites et figurées. Les coupes géologiques sont nombreuses, mais elles ne représentent que des tronçons de collines fort éloignées les unes des autres et, par conséquent, elles ne donnent aucun éclaircissement sur la structure du volcan.

Ce travail n'a point vieilli et, comme analyse, il sera difficilement surpassé ; encore aujourd'hui, le géologue doit le prendre pour guide, et six mois de courses suffisent à peine pour vérifier et contrôler les nombreux gisements qui y sont clairement étudiés et les précieuses observations qui y sont consignées.

1836 : M. Bouillet* donne de nouveau la description des coquilles fossiles du Cantal, mais la trop grande multiplication des espèces diminue de beaucoup la valeur de ce second travail.

1842 : M. Ruelle**, pendant le percement du tunnel du Lioran, fait une étude attentive des filons qui serpentent dans l'intérieur bouleversé de cette montagne. L'endroit était mal choisi, aussi, plusieurs fois, le savant ingénieur a-t-il cru voir que la majeure partie des filons étaient contemporains du tuf, du conglomérat et du trachyte en coulées. A quelques pas de là et au grand jour, les gigantesques lacis de filons de trachyte (L') ordinaire et vitreux, de phonolite (M), de domite (O) et de basalte (Q'), qui lardent les parois du cirque de Font-Allagnon, lui auraient prouvé le contraire. Ses nombreuses observations et un séjour prolongé dans la cheminée même du volcan lui démontrent le vide de la théorie « des cratères de soulèvement ».

1842 : M. Raulin***, dans un savant travail, détermine rigoureusement les altitudes du terrain Pri-

* *Catalogue des espèces et variétés de Mollusques terrestres et fluviatiles*, etc., suivi d'un autre catalogue des espèces fossiles, etc., par J.-B. Bouillet. Clermond-Ferrand, 1836. 1 vol. in-8°.

** *Mémoire sur les travaux de percement du Lioran*, par Ruelle. *Bulletin de la Société géologique.* Tom. XIV. 1842.

*** *Bulletin de la Société géologique.* Tom. XIV. 1842.

mitif et du terrain Tertiaire, d'abord dans la périphérie du département, et ensuite le plus près possible du centre du volcan. Les faits qu'il met en lumière anéantissent la théorie des « cratères de soulèvement » en prouvant d'une manière irréfutable que le terrain Primitif et le terrain Tertiaire s'abaissent graduellement en approchant du centre du volcan.

1843 : Le capitaine d'état-major Rozet [*], pendant qu'il exécutait des travaux géodésiques pour la carte de France, s'aperçut que l'Auvergne ne possédait, au point de vue géologique, aucun « travail d'ensemble », et pour atteindre ce but il publie sur la géologie de cette province un long mémoire dans lequel le Cantal a une large part. En lisant cet ouvrage, l'on ne tarde pas à remarquer que son auteur est un savant mathématicien qui croit pouvoir remplacer par des lignes, des axes, des triangles et des rectangles, toutes les données de l'histoire naturelle, les faits bien observés et soigneusement comparés et les splendides inductions, couronnement et récompense d'un âpre labeur ; il aime mieux, lui, se laisser guider par des idées préconçues, par des axes et des conceptions à priori ; mais aussi quelle décadence, soit dans tou-

---

[*] *Mémoire sur les volcans de l'Auvergne*, par M. Rozet, capitaine d'état-major. (Présenté à l'Académie des Sciences, le 3 avril 1843.)

tes les généralisations qu'il aborde, soit dans le
« résumé et conclusions » qui forme la deuxième
partie de son travail; certes, plus qu'aucun autre,
il s'est éloigné de cet « ensemble » qu'il désirait
étreindre. Pour lui, dans le Cantal, les hauts sommets, les éminences, les cirques, les plaines, les
vallées, ne sont absolument que les résulats immé-
diats de soulèvements suivant des lignes droites,
étoilées, elliptiques, ou des crevasses suivant des
axes et des lignes de fractures; et au milieu de cette
avalanche de cataclysmes imaginaires, il perd,
pour ainsi dire, de vue le grand cratère de deux
lieues et demie de diamètre, qui naturellement est
pour lui un « cratère de soulèvement » et non un
cratère d'éruption. Mais il fallait bien imaginer une
hypothèse pour expliquer la venue au jour des
roches volcaniques, à moins d'admettre qu'elles
existaient de toute énernité sur le sol Cantalien.
Voici cette hypothèse : sachons d'abord que tous
les observateurs ont vu à la surface des vastes nappes basaltiques du Cantal de grands convois de
scories transportées loin du cratère par les fleuves
de feu, tous ont pu voir aussi ces épaisses coulées
crevassées et scoriacées çà et là par la sortie des
gaz emprisonnés dans leur masse, tous ont vu com-
bien sont nombreux les filons et les dykes de trachyte et de basalte ; or, pour Rozet, ces convois de
scories, ces parties scoriacées des coulées, ces
petits filons, ces dykes infimes, sont les « centres

éruptifs » qui ont vomi la gigantesque masse de roches volcaniques qui constitue le Cantal ! Admettons un instant cette énormité pour le trachyte et le basalte, mais demandons à Rozet où sont les « centres éruptifs » qui ont rejeté les immenses cônes emboîtés de tuf ponceux, de cinérite et de conglomérat, qui forment à eux seuls la presque totalité du volcan. Ce mathématicien va jusqu'à dire qu'il regarde comme provenant d'éruptions particulières les tables basaltiques qui couronnent des plateaux, même dans le cas où il voit qu'elles reposent sur une épaisse couche de cailloux roulés. Rozet a été un de ces disciples qui, dépassant outre mesure la pensée du Maître, nuisent considérablement à l'école.

Une très mauvaise carte géologique, toute couverte de centres éruptifs, de lignes idéales de directions et d'axes d'éruptions basaltiques et trachytiques, accompagne le texte.

1843 : L'ingénieur Baudin [*] publie une carte géologique du Cantal au 1/200000 avec deux coupes générales et seulement 8 teintes conventionnelles, tandis qu'il en eût fallu au moins 38 ! Cette ébauche de carte géologique n'est qu'une amplification de celle de Dufrénoy et E. de Beaumont, et il est difficile de dire si elle est supérieure ou infé-

* *Carte géologique du département du Cantal,* dressée par D. Baudin, pendant les années 1838 à 1841.

rieure au modèle : le granite et le terrain cristallo-phyllien y sont passablement délimités; le trachyte (L) y est séparé du conglomérat trachytique (K), quelques filons, des sources minérales et les tourbières y sont désignés par des lettres, mais cette ébauche n'est pas orographique comme celle de Dufrénoy et E. de Beaumont, de plus, le terrain Tertiaire y est moins bien délimité et, erreur grave, les amas de cailloux roulés et de blocs erratiques du Nord du département y sont considérés et indiqués comme étant du conglomérat trachytique. Les deux coupes n'offrant que les huit teintes de la carte ne donnent, comme celle-ci, qu'une idée très imparfaite de la structure géologique du département. Cette carte devait être accompagnée d'une explication en un volume avec Atlas; la première livraison, traitant du terrain Primitif, a seule paru*. Les variétés de granite, de gneiss, de micaschiste et de talcschiste y sont largement étudiées, de nombreux filons métallifères y sont décrits ou signalés, et les porphyres felspathiques et quartzifères, y sont mentionnés pour la première fois.

Je ne sais quelle était l'opinion de cet auteur au sujet des « cratères de soulèvement », mais les deux coupes jointes à sa carte repoussent nettement cette fausse hypothèse.

---

* *Statistique minérale du département du Cantal*, etc., par **D. Baudin**. 1ʳᵉ livraison, seule parue.

1858 à 1864 : Poulett Scrope *, dans la 2ᵉ édition de son magnifique ouvrage, ajoute peu de chose à ce qu'il avait déjà dit sur le Cantal, et les quelques erreurs que nous avons signalées plus haut, dans la première édition, y sont conservées. Quoi qu'il en soit, dans ce livre, dans son important *Mémoire sur le mode de formation des cônes et des cratères,* 1860, et dans la 2ᵉ édition de son travail sur *Les Volcans,* 1864, il prend souvent le Cantal comme point d'appui pour ruiner de fond en comble la théorie des « cratères de soulèvement ».

Après les arguments de Poulett Scrope, après ceux non moins probants et aussi énergiques que Lyell a multipliés, dans les éditions successives de ses *Principes* et de son *Manuel,* la théorie de Léopold de Buch ne peut plus être appelée que la « *mystification* des cratères de soulèvement ».

1859 : M. Tournaire ** donne une description géologique et minéralogique assez complète de notre département, et son travail méthodique, fruit de trois années de courses et d'études sérieuses, foisonne de renseignements très exacts. Ce n'est pas

---

* *The geology extinct volcanos of central France,* by G. Poulett Scrope, *second édition, enlarged and improved. With illustrative maps, views and panoramic sketches.* London, 1858.

** *Géologie et minéralogie du Cantal,* Tournaire, ingénieur des Mines. *Dictionnaire historique et statistique du Cantal.* Tom. I, p. 368 à 403.

sans étonnement qu'on trouve, comme couronnement de cet œuvre, l'application au Cantal de la théorie des « cratères de soulèvement » ! et l'on a d'autant plus le droit d'en être étonné que, dans ce travail, il est bien établi : 1° que la phonolite (M) est antérieure au basalte des plateaux (Q) ; 2° que l'anneau de trachyte (L) qui entoure le cratère n'est nulle part rompu, si ce n'est au haut des vallées de la Cère, de la Jordanne et de l'Allagnon. Ces faits ne sont-ils pas en opposition flagrante avec la possibilité d'un soulèvement ? Mais, de plus, M. Tournaire a observé et décrit, sans leur attribuer la moindre importance, les formidables lambeaux du cône d'éruption qui sont soudés, ici sur le trachyte, là sur le conglomérat trachytique : 1° entre le Plomb et le Cantalon ; 2° à deux lieues et demie vis à vis ce point, au Nord du Puy-Chavaroche ; 3° à côté du Puy-de-Roche-Taillade. Est-ce que ces gigantesques croissants formés de couches de sable, de lapilli, etc., dont il indique l'inclinaison de 35° et qu'il voit reposer sur le dos de couches inclinées seulement de 4° à 5°, celles-ci formant les pentes du volcan, est-ce que ces débris si bien observés ne lui auraient pas donné à penser qu'ils étaient les témoins d'un ancien cône d'éruption (S), si l'idée préconçue d'un cratère de soulèvement n'avait retenu son imagination ?

Dans ce travail, les basaltes de différents âges sont confondus en un seul, le terrain Miocène supérieur à *Dinotherium* (F) n'y est point signalé, le tuf ponceux (G), la cinérite (I) et le conglomérat trachytique (K) n'y sont point séparés et les Végétaux fossiles, quoique signalés, sont complètement négligés. Par contre, le terrain Primitif, ses plissements, ses directions, ses filons, le calcaire cristallin (*b*) et la formation Houillère (A), ainsi que les roches volcaniques et lacustres y sont parfaitement étudiés, et leur âge relatif bien déterminé.

1859 et 1864 : M. de Parieu *, dans un ouvrage sur l'agriculture du Cantal, décrit à grands traits la géologie de la contrée ; après ce coup d'œil rapide et, réflexion faite, il rejette la théorie des « cratères de soulèvement » comme incompatible avec les données de l'observation.

1862 : Ed. Lartet **, l'illustre savant si universellement regretté, étudie les Mammifères fossiles des alluvions Miocènes supérieures du Puy-Courny, et en me communiquant ses déterminations, il me fait connaître les erreurs renfermées dans un mémoire que j'avais alors l'intention de publier sur la géologie du bassin d'Aurillac. J'ai suivi les sages et utiles conseils du grand paléontologiste qui me

* *Agriculture*, F.-E. de Parieu. *Dictionnaire statistique et historique du Cantal*, Tom. II. Aurillac, 1859. *Essai sur la statistique agricole du département du Cantal*, par M. Félix Esquirou de Parieu. *Deuxième édition corrigée et augmentée*. Aurillac, 1864.

** *In litteris.*

recommandait, entre autres choses, d'étudier lentement la contrée difficile que j'habitais.

1866 : Je publie un abrégé de mes études sur
les volcans *; dans ce travail la question des
volcans est traitée à un point de vue général, mais
je trouve plusieurs fois l'occasion d'attaquer la
théorie qui regarde le Cantal comme un type de
« cratère de soulèvement » et je cherche à prouver
que ce volcan s'est formé, comme tous les autres,
par l'accumulation des produits rejetés pendant
les éruptions successives.

1867 : H. Lecoq**, dans son travail sur l'Auvergne, consacre plusieurs chapitres au Cantal, mais
ce qu'il en dit est en majeure partie extrait de
quelques-uns des auteurs cités ci-dessus. On con-
çoit que ce grand naturaliste, pendant ses courses
trop rapides dans le Cantal, n'ait pu saisir la structure de ce volcan, mais on comprend difficilement
que le prince des naturalistes du plateau central,
après avoir cité la série des altitudes du terrain
Primitif et du terrain Tertiaire, altitudes prises par
M. Raulin et corroborées plus tard par la carte du
dépôt de la guerre, et sachant que ces altitudes
prouvent d'une manière brutale que dans le Cantal

---

* *Études sur les volcans*, par J.-B. Rames. Aurillac, 1866.

** *Les époques géologiques de l'Auvergne*, par H. Lecoq, *avec 170 planches ou figures, dont plusieurs coloriées etc.* 5 forts volumes. Paris, 1867 il y a eu un affaissement général vers le cratère et non un soulèvement, on comprend difficilement, dis-je, pourquoi l'auteur de l'admirable carte géologique du Puy-de-Dôme, a admis pour le Cantal la théorie des « cratères de soulèvement » en l'exagérant d'une manière fantastique et en laissant Rozet bien loin derrière lui. Ainsi, par exemple, il attribue le relief actuel du Cantal, entre autres causes cataclysmiques, « à la sortie de dykes énormes, tels que les Puy-Mary, Peyrearse, Bataillouse, etc. » Tous les pics, toutes les proéminences sont pour lui, comme pour Rozet, des dykes, des centres de soulèvement ou des centres éruptifs, et tous les lambeaux d'anciennes nappes basaltiques, même ceux qui reposent sur un lit de cailloux roulés, ont aussi, pour lui, été produits sur place et sont le résultat de centres éruptifs disséminés.

1869 : M. A. Julien * publie sa remarquable thèse sur les phénomènes glaciaires du plateau central. Le premier, il reconnaît dans le Cantal les deux périodes Glaciaires (T, V), et son argumentation est basée sur des faits irrécusables. Comme preuves de la première période Glaciaires (T), il cite les surfaces polies, les stries, les cannelures,

---

* *Des phénomènes glaciaires dans le plateau central de la France, en particulier dans le Puy-de-Dôme et le Cantal.* (Thèse pour le doctorat), par Alphonse Julien. Paris, 1869

les cailloux roulés et les blocs erratiques qu'il a observés sur quelques hauts plateaux, soit basaltiques, soit Primitifs. Comme preuves de la seconde période (V), il décrit nettement et avec une connaissance très approfondie de son sujet, tout l'appareil morainique du glacier de la vallée de l'Allagnon et de son affluent de la vallée d'Allanche ; il suit pas à pas avec certitude les convois de blocs de diverse nature depuis leur point de départ jusqu'au point où ils ont été délaissés par le fleuve de glace. En se basant sur les moraines frontales échelonnées dans les deux vallées que nous venons de nommer, il constate le mouvement de retrait partiel qu'ont subi les glaciers de la deuxième période. Mon savant ami, M. A. Julien, est un adversaire de la théorie des « cratères de soulèvement. »

1870 : M. Ed. Collomb *, le célèbre glaciériste, visite la vallée de l'Allagnon, et dans une note d'une précision hors ligne, il constate la justesse des vues et des idées de M. A. Julien.

1870 : M. J. Marcou ** étudie le terrain Glaciaire des bords de la Dordogne (alt. 419 mètres) et du

* *Note sur les anciens glaciers du plateau central de la France,* par E. Collomb. Tiré des *Archives de la Bibliothèque universelle.* Janvier 1870.

** *Note pour servir à l'histoire des anciens glaciers de l'Auvergne,* par J. Marcou. *Bulletin de la Société géologique,* 2ᵉ série, Tom. XXVII. Janvier 1870.

plateau de Lanobre (alt. 690 mètres) à l'extrémité Nord-Ouest du département; mais ce savant, d'une expérience consommée, ne distingue pas les deux périodes Glaciaires indiquées et nettement caractérisées par M. A. Julien. Remarquons que page 362 de sa note, M. Marcou dit, en parlant des blocs glaciaires des environs de Lanobre : « ceux de *basalte* se distinguent surtout par la conservation et la profondeur des stries; » et oubliant aussitôt ces *blocs de basalte strié* qu'il vient de citer, il arrive, page 363, à la singulière conclusion suivante : « d'ailleurs, *l'absence complète de roches volcaniques* dans le terrain Glaciaire de Lanobre, de Bort et de Madic, indique que les grands glaciers de cette partie du plateau central de la France sont antérieurs à l'apparition des volcans d'Auvergne » ! !

Malheureusement pour ses conclusions, si, partant du plateau de Lanobre, l'on se dirige, soit vers le Mont-Dore, soit sur le volcan du Cézallier, soit vers les hauteurs du Cantal, l'on chemine pendant plus de 30 kilomètres au milieu d'osars, de vastes champs et d'amas formidables de grands blocs erratiques et d'énormes cailloux roulés de granite, de gneiss, de quartz et surtout de trachyte et de basalte, et ces deux dernières variétés de blocs et de cailloux roulés vous accompagnent sur les plateaux basaltiques du Mont-Dore, du Cantal et du Cézallier jusqu'à 1 200 mètres d'altitude ! Et, com-

ment les superbes cônes du Cantal, du Mont-Dore
et du Cézallier auraient-ils reçu leur magnifique
flore Arctico-Alpine si, comme le dit M. J. Marcou,
« les grands glaciers étaient antérieurs à l'apparition des volcans d'Auvergne ? »

1870 : M. Tardy * tente d'établir quelques rap-
prochements synchroniques entre les roches volcaniques du Cantal et celles du Velay.

* *Sur la succession des dépôts volcaniques dans le Cantal
et dans le Velay*, par Tardy. *Bulletin de la Société géologique*, 2ᵉ série, Tom. XXVII, p. 621. Mai 1870.

RÉSUMÉ APHORISTIQUE

ET

LÉGENDE GÉNÉRALE

PLANCHES I et II.

AGES QUATERNAIRES.

Z'. Dépôts résultant de la fusion définitive des glaciers de la deuxième période; cailloux roulés et sable occupant le fond des vallées. **Température moyenne annuelle + 11° à + 12° c·**

Accroissement de température; diminution d'humidité. — Commencement des **TEMPS POST-GLACIAIRES. RES**. La Flore Arctico-Alpine périt suffoquée dans les plaines; seules, les colonies de la montagne et celles des tourbières des plateaux résistent à l'élévation de température. Grande invasion des plantes Asiatiques.

7

V. Abaissement, accroissement, abaissement de température. — DEUXIÈME PÉRIODE GLACIAIRE : Glaciers des vallées. V blocs erratiques des côteaux et moraines latérales. X moraines profondes. Y moraines frontales.

Episode de fusion : Z moraines profondes remaniées : cailloux roulés, fragments et sable formant des terrasses très régulières au-dessus des plaines et des thalwegs ; silex taillés.

Temps d'arrêt : Y' nouvelles moraines frontales.

La flore Artico-Alpine escorte les glaciers dans la plaine et elle colonise quelques tourbières.

U. Accroissement de température. — PÉRIODE INTER-GLACIAIRE. La flore Artico-Alpine cherche un refuge sur les pentes et sur les sommets du volcan. Un premier ban de plantes Asiatiques arrive dans la plaine.

Commencement de la **PÉRIODE INTERGLACIAIRE :** U vieux Diluvium chaotique des plateaux, cailloux roulés énormes.

T. PREMIÈRE PÉRIODE GLACIAIRE : T grands blocs erratiques des hauts plateaux, stries, cannelures, profonds sillons, vastes surfaces polies et moutonnées. La flore Artico-Alpine arrive du Nord et vient camper au pied du volcan. **Température moyenne annuelle + 5°, 16 C.**

AGES TERTIAIRES.

S. Cône d'éruption (débris du) formé de sable volcanique, de lapilli, de ponces, de scories et de quelques cailloux roulés ; le tout en lits alternants, solidement cimentés et offrant une inclinaison de 35 à 40°. Les immenses lambeaux de ce cône d'éruption qui sont encore en place, soit sur le conglomérat trachytique, soit sur le trachyte : 1° entre le Plomb et le Cantalon ; 2° au pic du Rocher ; 3° au Nord du Puy-Chavaroche ; 4° à Roche-Taillade, donnent une juste idée de la hauteur de ce cône avant les âges Quaternaires.

Q. R. Septième et dernière phase d'activité volcanique. — Q basalte des hauts plateaux et des sommets. L'inclinaison des nappes varie entre 3° et 5° — R dolérite.

P. **TERRAIN PLIOCÈNE SUPÉRIEUR.** — Sixième période de tranquillité. — P alluvions Pliocènes supérieures. Cailloux roulés de trachyte, de phonolite, de basalte compacte et porphyroïde, cim.ntés par du sable ferrugineux. Jusqu'ici sans fossiles. Dénudation. Premiers linéaments des grandes vallées actuelles. Accroissement du cône d'éruption. Végétation luxuriante.

M. N. N'. O. Sixième phase d'activité volcanique. — M phonolite. — N obsidienne noire, verte, amorphe et porphyroïde. — N' pechstein noir avec arragonite. — O domite avec mica bronzé.

Cinquième période de tranquillité. — Dénudation. Accroissement du cône d'éruption.

L Cinquième phase d'activité volcanique. — L trachyte scoriacé, celluleux, compacte, porphyroïde, quelquefois vitreux, en épaisses coulées alternant avec des lits tuffacés de produits fragmentaires et de scories.

Quatrième période de tranquillité. — Dénudation. Accroissement du cône d'éruption.

(100)

K. J. **Quatrième phase d'activité volcanique.**— K conglomérat trachytique de couleur foncée. Les blocs trachytiques qui entrent dans sa composition sont, les
uns frittés, les autres seulement altérés ou étonnés; le
ciment qui lie ces blocs est très peu abondant et très
solide. Ce conglomérat ne renferme ni ponces légères,
ni fragments du terrain Tertiaire. — J roches presque
indéterminables, souvent vitreuses, très vives, passant,
ici ou là, tantôt au trachyte dur et compacte, avec
opale, ou porphyroïde, tantôt à la phonolite ou au
pétrosilex, tantôt au basalte gallinacé ou au basalte
finement porphyroïde, mais très cassant.

Troisième période de tranquillité. — Dénudation, profonds
ravinements.

I. **TERRAIN PLIOCÈNE INFÉRIEUR.** — Troisième phase
d'activité volcanique. — I cinérite et sable volcanique
trachytiques, avec ponces blanches et légères, le tout
finement stratifié et solidement agrégé. Tuf ponceux
stratifié, à structure écailleuse. Ponces blanches et très
petits fragments de basalte. Chute de blocs calcinés.
Lignite. Limonite concrétionnée.

Deuxième période de tranquillité. — Flore Pliocène infé-
rieure : *Abies, Bambusa. Alnus denticulata* Reg., *Car-
pinus pyramidalis* (Gœpp.) Heer, *Fagus attenuata*
Gœpp., *Planera Ungeri* Ett., *Sassafras Ferretianum*
Mass., *Persea, Vaccinium, Grewia crenata* Ung.,
Tilia subintegra Sap., *Acer integrilobum* Gœpp.,
Hamamelis, Dictamnus, Pterocarya. etc., etc.
Température moyenne annuelle + 18°C.

G. .H. Deuxième phase d'activité volcanique. — G tuf ponceux (trass) avec gros blocs trachytiques noyés, presque tous frittés ou étonnés. Ce tuf ponceux renferme de nombreux fragments du terrain Tertiaire d'eau douce (argile, marne, silex, calcaire) plus ou moins métamorphisés ; il est, en outre, tout parsemé de fragments de bois charbonnés et il offre, çà et là, d'énormes troncs d'arbres. — H basalte porphyroïde très tenace, contemporain des couches supérieures du tuf ponceux. Ce basalte à très gros cristaux d'augite, renferme beaucoup d'olivine, de fer titaniaté et de grains de quartz. Il se présente en coulées, en filons et typhons, et en lopins.

F. TERRAIN MIOCÈNE SUPÉRIEUR. — Première période de tranquillité. — F argile blanchâtre avec sable quartzeux, galets de quartz et nombreux débris du terrain Tertiaire. Mammifères caractéristiques : *Amphicyon*, *Machairodus*, *Mastodon augustidens* Cuv., *Dinotherium giganteum* Kaup, *Rhinoceros*, *Hipparion*. Dénudation. Végétation luxuriante. **Température moyenne annuelle + 20° C.**

E. Première phase d'activité volcanique. — E basalte et wacke Miocènes en grandes coulées sur le calcaire lacustre.

D". D'. D. TERRAIN MIOCÈNE INFÉRIEUR. — D". calcaire en puissantes assises. Horizon de : *Helix Arvernensis* Desh., *Limnœa pachygaster* Thom., *L. symmetrica*, Brard. *L. condita*. etc., *Planorbis cornu* Al. Brong., *P. Annulatus* Bouillet. **Température moyenne annuelle + 20° C.**

D' marne calcaire feuilletée, calcaire marneux et siliceux, feuilleté et en assises, silex en bancs et en rognons, silex ménilite et résinite en bancs et en lits. Horizon de : *Cypris faba* Desm., *Bythinia Dubuissonii* Noul., *Cerithium Lamarchii* Desh., *Thypha latissima* Al. Braun, *Chara destructa* Sap.

D argile marneuse verte avec des traces de Végétaux, quelques *Cypris faba* Desm., et quelques *Bythinia Dubuissonii* Noul.

C. C'. C''. TERRAIN ÉOCÈNE. — C argile rouge bariolée plastique, ferrugineuse avec quelques concrétions siliceuses. C' sable quartzeux très grossier, argileux, avec dépôt tumultueux de gros galets de quartz, de granite, de gneiss et fragments, les uns anguleux, les autres à peine roulés, des mêmes roches. C'' mince lit de poudingue quartzeux gisant dans les assises inférieures.

Cette puissante formation d'argile, de sable, de galets et de fragments du terrain Primitif n'a encore offert aucun fossile; elle semble être le résultat d'une période Glaciaire.

B. Grès rouge. **TERRAIN PERMIEN?** ou **TRIASIQUE?** (sous les nappes basaltiques des environs de Pleaux).

A. TERRAIN HOUILLER. — Schiste Houiller. Houille. Poudingue et grès Houillers.

TERRAIN PRIMITIF.

5. Porphyre quartzifère, et porphyre feldspathique rouge et rose.

4. Granite rose tourmalinifère, grenu ou porphyroïde: (Feldspath rose, quartz incolore, mica blanc, tourmaline en grands cristaux noirs.)

3. Granite porphyroïde. (Feldspath bleuâtre en très gros cristaux, quartz incolore, mica noir.)

2. Granite à petits grains. (Feldspath blanc, quartz transparent, mica noir quelquefois rougeâtre.)

1'. Talcschiste, micaschiste, gneiss.

1. Micaschiste, gneiss.

Variétés principales de 1 et 1' : Talcschiste : quartzifère feldspathique, tourmalinifère, avec fer oligiste, grenatifère, proprement dit. Micaschiste : tourmalinifère, grenatifère, graphitique (*c*), proprement dit. Gneiss : sur-micacé, quartzeux, tourmalinifère, leptinoïde, porphyroïde (*a*), proprement dit.

Enclaves dans 1 et 1' : 5 porphyre quarzifère et porphyre feldspathique; 4 granite rose; 3 granite porphyroïde; 2 granite à petits grains; *b* calcaire cristallin; *d* diorite stratoïde; 6 serpentine asbestifère.

Filons dans 1 et 1' : Leptynite, pegmatite, protogyne, quartz, schorl-rock, petrosilex, eurite, porphyre quartzifère, id. feldspathique, amphibolite, diorite, barytine, fer oligiste, fer oxydulé, sidérose, pyrite, mispickel, galène, stibine.

FIN

Aurillac. — Imp. H. GENTET, rue du Consulat.

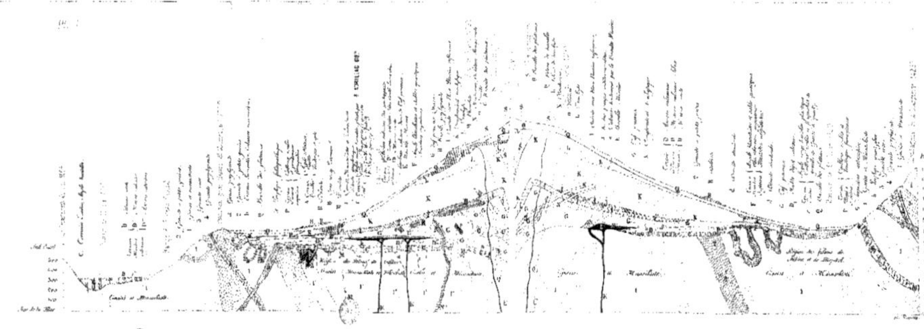

DIAGRAMME REPRÉSENTANT LA STRUCTURE GÉOLOGIQUE ET L'ASPECT DU DÉPARTEMENT DU CANTAL AVANT LE CREUSEMENT DES VALLÉES.

COUPE GÉOLOGIQUE DE BELBÈS A CARLAT,

VALLÉE DE LA CÈRE.

www.ingramcontent.com/pod-product-compliance
Ingram Content Group UK Ltd.
Pitfield, Milton Keynes, MK11 3LW, UK
UKHW020847120726
13693UKWH00002B/858